集団認知行動療法実践マニュアル

編
中島 美鈴　奥村 泰之

著
関東集団認知行動療法研究会

星 和 書 店
Seiwa Shoten Publishers
2-5 Kamitakaido 1-Chome
Suginamiku Tokyo 168-0074, Japan

Cognitive-behavioral Group Therapy Practice Manual

Edited by
Misuzu Nakashima
and
Yasuyuki Okumura

by
Kanto Group Cognitive Behavioral Therapy Study Group

©2011 by Seiwa Shoten Publishers

わが国の集団CBTの歴史はまだ非常に日が浅く，海外から輸入されたやり方がどの程度日本の文化や制度に適合するのか，多くの研究で実証されたわけではありませんし，ガイドラインも教育研修の機会も確立しているわけではありません。そのような中，皆で手探りで得た知見は，臨床現場で集団CBTを運営していくための，教科書には載ることのないスキルとして，皆様のお役に立つことができると信じています。

　末筆ながら，本書の企画にご賛同くださり，出版にご協力いただきました星和書店の石澤雄司社長，桜岡さおり様には，研究会を代表して深くお礼申しあげます。

　2011年　春

中島　美鈴

まえがき

　この本は，集団認知行動療法（以下，「集団CBT」）を始めたいけれど，何を準備すればよいのかわからない，どのように進めたらよいのかわからないなどの不安や疑問をおもちの専門家のために執筆しました。
　本書はとてもユニークです。まず，内容が幅広く豊富なのです。本書の前半には，集団CBTの効果に関する研究動向と今後の課題をまとめました。そして後半には，集団CBT実践のための準備やプログラムの実践例紹介，また実践上のつまずきがちな点とその解決策をQ&A形式でまとめました。
　次に，執筆者もユニークです。これまで接点をもつことの少なかった臨床心理学の研究者と医療機関などで働く実践者，総勢21名が協力して執筆しています。この接点となったのが，関東集団認知行動療法研究会です。筆者が認知療法学会や研究会で知り合った先生方に，「集団CBTを実践している仲間同士でノウハウを交換し合ったり，技法や研究について勉強する場がどうしても欲しい」と協力をお願いし，2009年5月に，この研究会を発足させました。発足にあたっては，日本心理学会で知り合い，研究で大変お世話になっていたこの本の共編者である奥村泰之先生に研究面からご協力いただきました。その後メンバーは増え続け，2010年末現在53名のメンバーが在籍しています。日本の集団CBTの実践や研究を牽引する，若手から中堅までの先生方です。東京大学駒場キャンパスにて，実践発表や，技法および研究に関する勉強会を続けてきました。その研究会で話し合われたノウハウや知識をまとめ，多くの方にわが国の実践最前線の記録としてお届けしようと，本書の企画がもち上がりました。その後何度も編集会議を重ね，こうしてみなさまにお届けすることができました。
　本書は，読むことによって集団CBTの概要を知ることができるだけでなく，明日からでも集団CBTを始めることができる，そして効果的に続けていくことができる，さらにわが国の集団CBT研究の一端を担うことができるようになるという贅沢な本です。

●目次

まえがき iii

第1章　集団認知行動療法の魅力 …………………………………… 1

第2章　集団認知行動療法のエビデンス …………………………… 5

第1節　集団認知行動療法とは …………………………………… 6
1. 集団CBTの定義 …………………………………………………… 6
2. 集団CBTの適用範囲とエビデンスレベル …………………… 6

第2節　対象疾患別集団CBTのエビデンス …………………… 7
1. 統合失調症 ………………………………………………………… 7
   (1) 症状と経過 …………………………………………………… 7
   (2) 統合失調症対策の重要性 …………………………………… 8
   (3) 標準的な治療法と個人CBTの位置づけ ………………… 8
   (4) 集団CBTの効果 …………………………………………… 8
   (5) わが国の研究と今後の課題 ……………………………… 11
2. うつ病性障害 …………………………………………………… 11
   (1) 症状 ………………………………………………………… 11
   (2) うつ病性障害対策の重要性 ……………………………… 12
   (3) 標準的な治療法と集団CBTの位置づけ ………………… 12
   (4) 集団CBTの効果 …………………………………………… 13
   (5) わが国の研究と今後の課題 ……………………………… 15
3. 強迫性障害 ……………………………………………………… 15
   (1) 症状と経過 ………………………………………………… 15
   (2) 強迫性障害対策の重要性 ………………………………… 16
   (3) 標準的な治療法と集団CBTの位置づけ ………………… 16
   (4) 集団CBTの効果 …………………………………………… 17
   (5) わが国の研究と今後の課題 ……………………………… 17
4. 物質使用障害 …………………………………………………… 19
   (1) 症状と経過 ………………………………………………… 19

(2)　物質使用障害対策の重要性 …………………………… 19
　　　(3)　標準的な治療法と個人CBTの位置づけ …………… 19
　　　(4)　集団CBTの効果 ……………………………………… 20
　　　(5)　集団療法実施の注意点 ……………………………… 22
　　　(6)　わが国の研究と今後の課題 ………………………… 23

　第3節　集団CBT研究の今後の課題 ……………………………… 23
　　1. 集団CBTの研究の蓄積状況 ………………………………… 23
　　2.「計画―介入―測定―報告」のプロセス ………………… 25
　　3.「計画―介入―測定―報告」のプロセスの実際 ………… 25
　　4. 先人に倣う ……………………………………………………… 26
　　5. 伝統的・客観的な評価項目を選択 ………………………… 27
　　6. 有効性から有用性へ ………………………………………… 28
　　7. 適切な報告 …………………………………………………… 28
　　8. 研究の実施に向けて ………………………………………… 30

第3章　集団認知行動療法を始める前に準備すること ………… 37

　第1節　対外的な準備 ……………………………………………… 38
　　1. どのような人を対象とするのか ……………………………… 38
　　2. 明確なイメージをもつことのできる目標を設定する ……… 40
　　3. 対象と目標に応じた時間，回数を設定する ……………… 42
　　4. 目的や内容に合った準備物を用意する …………………… 44
　　5. 参加者がリラックスできる環境を整える …………………… 45
　　6. 既存のプログラムを利用する ……………………………… 47
　　7. 参加者を集めるための広報活動 …………………………… 47
　　　(1)　参加者やその家族などの周囲の人々に向けた広報活動 … 48
　　　(2)　所属機関内への広報活動 …………………………… 50
　　　(3)　広く社会全体に向けた広報（啓発活動） ……………… 53
　　8. 適正な参加費用を設定する ………………………………… 53
　　　(1)　保険診療内で行う場合 ……………………………… 53

(2)　保険診療外で行う場合 ………………………………… 57
　9.　仕組み作り …………………………………………………… 58
　　(1)　参加の手順について …………………………………… 58
　　(2)　スタッフの確保について ……………………………… 60

第2節　集団CBTの導入例 ……………………………………… 62
　　導入例① …………………………………………………… 63
　　導入例② …………………………………………………… 66
　　導入例③ …………………………………………………… 67
　　導入例④ …………………………………………………… 69
　　導入例⑤ …………………………………………………… 72

第3節　治療者としての準備 …………………………………… 76
　1.　技法の習得の方法 …………………………………………… 76
　2.　時間の確保 …………………………………………………… 78
　3.　スタッフの心構え …………………………………………… 79
　　(1)　参加者が平等であるように …………………………… 79
　　(2)　スタッフ自身の自己分析の必要性 …………………… 80
　　(3)　バランスよく父性と母性を発揮する ………………… 80
　　(4)　ケアの提供者であることを自覚する ………………… 81

第4章　集団認知行動療法のプログラム内容 ……………… 83

第1節　どの技法を用いるか …………………………………… 84
　1.　技法を用いる際の心構え …………………………………… 84
　2.　アセスメントの技法 ………………………………………… 84
　　(1)　問題リストを作成する ………………………………… 84
　　(2)　介入計画を立てる ……………………………………… 86
　　(3)　アセスメントの過程で必要な技法 …………………… 86
　3.　解決策としての認知的技法および行動的技法 …………… 87
　　(1)　技法を選択するときの姿勢 …………………………… 87

(2) 技法を効果的に用いるための姿勢 ……………………… 88
　　4. 集団CBTの介入ターゲットに応じた技法のセット ………… 88
　　　(1) 集団CBTでの介入方法への配慮 ……………………… 88
　　　(2) 主な疾患ごとの問題点と必要とされる技法 …………… 89
　　　(3) 集団CBTの目的に応じた技法を設定する …………… 93

第2節　リーダーとコリーダーの役割 ……………………………… 94

第3節　集団CBTのプログラム実践例 …………………………… 96
　　1. うつ病・復職支援 ……………………………………………… 96
　　　実践例①　うつの復職支援プログラム ……………… 96
　　　実践例②　うつ病からの復職者を対象とした
　　　　　　　　　　　再発・再休職予防のための集団CBT ……… 99
　　2. 不安障害 ……………………………………………………… 103
　　　実践例③　パニック障害に対する集団CBT ………… 103
　　　実践例④　社交不安障害に対する集団CBT ………… 105
　　　実践例⑤　強迫性障害に対する集団CBT …………… 107
　　3. 統合失調症 …………………………………………………… 108
　　　実践例⑥　問題解決療法 ……………………………… 108
　　　実践例⑦　幻覚・妄想のCBT ………………………… 111
　　　実践例⑧　再発・再燃予防プログラム ……………… 114
　　4. 神経症～境界例水準（複数疾患）…………………………… 121
　　　実践例⑨　セルフモニタリング，セルフコントロールのための
　　　　　　　　　　　プログラム ……………………………………… 121
　　　実践例⑩　弁証法的行動療法プログラム …………… 124
　　　実践例⑪　自尊心をターゲットにしたプログラム … 126
　　5. その他の疾患 ………………………………………………… 128
　　　実践例⑫　アセスメントグループプログラム ……… 128
　　　実践例⑬　肥満と生活習慣病予防プログラム ……… 135
　　　実践例⑭　女性グループ ……………………………… 138

第5章　集団認知行動療法でつまずきがちな点と打開策 ……… 143

第1節　参加者との間で経験するつまずきがちな点 …………… 144
- Q1　課題を完璧にしようとするあまり，気分が変わらない ……… 144
- Q2　「現在，困っていることはありません」…………………… 145
- Q3　陽性症状が消失していて，動機づけが低かったら？ ………… 146
- Q4　「自分は悪くない，相手が悪い」と怒りを爆発させ，
　　　認知修正が困難な場合 ……………………………………… 147
- Q5　「認知再構成法なんてやりたくありません。
　　　すべき思考は自分の"ポリシー"だから」と言われたら？ … 148
- Q6　プログラムの進行について参加者から不満が出る場合 ……… 149
- Q7　「ホームワークのせいで具合が悪くなる」…………………… 150
- Q8　セッションの最中にリーダーに対する不満を言われたら？ … 151
- Q9　家族との葛藤や虐待，いじめなど重い話題を話し始めたら？… 152
- Q10　自分と他の参加者とを比べて落ち込む参加者がいたら ……… 153
- Q11　設定した技法が参加者に合わないとき ……………………… 154
- Q12　参加者が他の参加者に批判的な発言をしてしまった ………… 155
- Q13　参加者の話が長くて進行の妨げになる ……………………… 156
- Q14　ドロップアウトや欠席・遅刻が目立つ ……………………… 157
- Q15　「頭ではわかるのですが，心ではピンとこない」
　　　と言われたら？ ……………………………………………… 158
- Q16　「私は完璧主義をなおすつもりなんてありません」………… 160
- Q17　発達障害圏の人にCBTをする際，
　　　どんなことに考慮すべきか(1) ……………………………… 161
- Q18　発達障害圏の人にCBTをする際，
　　　どんなことに考慮すべきか(2) ……………………………… 162
- Q19　教育現場で行う際の留意点 …………………………………… 163
- Q20　動機づけの低い参加者がグループセッション中に
　　　不満を表明した場合 ………………………………………… 164
- Q21　ホームワークの出し方 ………………………………………… 165
- Q22　セッション中に学んだことが現実場面でできていない ……… 166

第2節　スタッフとの間で経験するつまずきがちな点 ················ 167
　1. リーダーだけが疲れてしまう場合 ······························ 167
　　(1) コリーダーと協力する ·································· 167
　　(2) セッションの最中に5つ数を数える ······················ 167
　　(3) 原因を分析する ·· 167
　2. スタッフの負担感が大きい場合 ································ 168
　3. スタッフミーティングの時間を作れない場合 ···················· 169
　　(1) プログラム導入時の工夫 ································ 169
　　(2) すでに動いているプログラムの場合 ······················ 170
　　(3) その他 ·· 171
　4. スタッフ研修を行う必要がある場合 ···························· 171
　5. 多職種で協働する場合 ······································· 174

第3節　組織との間で経験するつまずきがちな点 ···················· 175
　1. 集団CBTに参加しない専門職との間で ·························· 175
　2. 途中参加やさまざまな疾患の患者を対象とするよう
　　要請があった場合 ··· 176
　3. 管理職のニーズとの間にずれがある場合 ······················· 177

第6章　集団認知行動療法を続けていくために ···················· 179

第1節　集団CBTが続かない理由 ··································· 180
　1. グループ力動の問題 ··· 180
　　(1) 集団CBT開始時期に見られる問題 ························ 180
　　(2) 問題に焦点をあてる時期に見られる問題 ·················· 181
　　(3) 集団CBTへの慣れが生じる時期に見られる問題 ············ 181
　　(4) 解決策を実行する時期に見られる問題 ···················· 182
　　(5) 集団CBTが終了する時期に見られる問題 ·················· 182
　2. スタッフ自身の心理状態の問題 ······························· 183
　　(1) 集団CBT開始時期に見られる問題 ························ 183
　　(2) 問題に焦点をあてる時期に見られる問題 ·················· 183

(3) グループに慣れる時期に見られる問題 …………………… 184
　　(4) 解決策を実行する時期に見られる問題 …………………… 184
　　(5) 集団CBTが終了する時期に見られる問題 ………………… 184

第2節　集団CBTを続けていくための工夫 …………………… 185
　1. グループ力動への工夫 ………………………………………… 185
　　(1) 集団CBT開始時期の工夫 …………………………………… 185
　　(2) 問題に焦点をあてる時期の工夫 …………………………… 186
　　(3) グループに慣れる時期の工夫 ……………………………… 186
　　(4) 解決策を実行する時期の工夫 ……………………………… 186
　　(5) グループ終了時の工夫 ……………………………………… 187
　2. スタッフの心理状態への工夫 ………………………………… 187
　　(1) 集団CBTの構造がもつ効果を知る ………………………… 187
　　(2) 評価的にならない ………………………………………… 188
　　(3) スタッフ自身がCBTを実践する …………………………… 189
　　(4) スタッフのストレス耐性を高める ………………………… 189

第1章
集団認知行動療法の魅力

　この章ではまずはじめに，集団認知行動療法にまつわるいくつかのエピソードをご紹介します。そして，皆さんにその魅力を味わっていただきたいと思います。

集団認知行動療法（集団CBT）をひと言で表現すると，「認知行動療法の理論・方法に基づく集団療法」といえます。主な特徴は，構造化された枠組みをもち，集団の作用を活用しながら認知・行動に関する知識・方法を獲得することで，最終的に個人の抱えるさまざまな問題・課題の解決をめざします。「集団CBTの魅力」，それはまさに，この集団の作用を活用する点にあると考えられます。

集団CBTの魅力について，エピソードを1つお話しします。

筆者（岡田）が実施している集団CBT（女性のための集団CBT）(p.138)の参加者の1人である，うつ病患者Aさんがグループワークの中で，「夫に自分の病気のことをわかってもらえなくてつらい」と話しました。ちょうどそのセッションの前半では問題解決技法[注]を学び，参加者がそれぞれ自分の抱える問題に対して実行プランを立て，それをグループワークで発表したときのことです。Aさんは自分自身で，その解決策をブレインストーミングの要領で考えてみましたが，なかなか思うように浮かばず，参加者から意見をもらいたいと思ったのです。参加者の大半は，Aさんの話を「わかる，わかる」とうなずいて聞き，なかでもBさんが熱心に，Aさんの困りごとの解決策をいろいろとあげました。Bさんが熱心になる背景には，Bさん自身，父親との間に確執があり，Aさんと同様の問題を抱えていたからです。Bさんも父親に，自分の病気や体調についてわかってもらえるように話せず悩んでいたのですが，そのとき，Bさんなりにそれまで試行錯誤してきたことをAさんに伝えました。そこで，Aさんは，Bさんのアドバイスの中の「まず，自分の病気，そして自分が病気になったことをどう思っているのか，夫に聞いてみる」ことを実行することにしました。

翌週，Aさんがそれまでの暗い表情から一変して，笑顔でやってきました。筆者がその点をフィードバックすると，Aさんは「Bさんのアドバイスを試してみたら，主人がいろいろと話してくれて。実は私のことを大事

注）問題解決技法／問題解決療法：ズリラとゴールドフリートが提唱した合理的な問題解決のモデルに基づく認知行動的スキルトレーニング法・心理療法。本書では，単独で用いるときには「問題解決療法」，認知行動療法のさまざまな技法の1つとして用いるときには「問題解決技法」と表記する。

に思ってくれていることがわかったのです。体調がよくないことも話したら少しわかってくれて。Bさん，ありがとうございました」と，その場にいたBさんに向かってお礼を言いました。Bさんはそれを聞いてとても喜び，あとで筆者に，「自分が話したことが役に立って，『言ったことは間違いじゃなかった』という証明になる気がして，自分に自信がもてました」と笑顔で話してくれました。

　これは，Aさんと同様の悩みをもつBさんの試行錯誤した経験が，Aさんの行動の拡大に役立ち，同時にAさんに役立ったということがBさんの自信にもつながったという相乗効果のプロセスを表すものです。ここからは，経験に基づくアドバイスによる認知・行動のレパートリーの広がり，アドバイスすることによる自信の回復など，集団ならではの作用が見えてきます。このように，「集団CBTの魅力」とは，個人を対象とする認知行動療法と異なり，集団内の参加者間のダイナミックな関係性が，認知・行動の知識や方法を学び身につける際にダイレクトに生かされることにあると考えます。

　そこで，参加者間のダイナミックな関係性を発展させていくためには，まず参加することでの孤独感からの解放，共通の経験を分かち合い安心感がもてるようになるという体験を踏むことが大切です。筆者の経験上，集団CBTに初めて参加した方の多くが，「自分と同じ悩みをもった人が他にもいることを知って安心した」と感想を述べます。また，「最初は参加することの緊張感が高くても，セッションを重ねるごとに参加することの心地よさや安心感が出てくる」と話す人もいます。これらが基盤となり，関係性が発展していくと考えられます。

　ダイナミックな関係性の作用は，前述の例以外にもさまざまあります。その1つに自分自身の認知・行動を見つめなおす機会が数多く得られる点があります。娘との関係で悩んでいたある参加者は，母親との関係で苦労していた別の参加者の発言を聞き，自分の娘への接し方がまずかったと振り返り，行動の変化につなげることができました。このように，他者の言動を機に自己洞察がしやすくなるのです。

　参加への動機づけが向上する点についても，参加者間の関係性の作用と

して重要です。前述のように共通の経験を分かち合い安心感がもてる場であれば，凝集性が高まり，動機づけが向上していきます。また，動機づけの高い参加者が低い参加者を引っ張っていくということもあります。動機づけは，認知・行動の知識・方法を学び身につける上で不可欠と考えられます。それを，参加者間の関係性においてより向上させることが可能になります。

　以上のように，「集団CBTの魅力」はダイナミックな関係性を活用した認知行動療法が展開できる点にあると思います。これは一見，あたりまえのことと受け取られるかもしれません。しかし，個々の参加者がダイナミックな関係性の中で変わっていく姿を見ると，その作用の大きさに，つい「とりこ」になってしまうのです。この「集団CBTの魅力」を最大限に発揮するために私たちに必要なのは，常に集団CBTについて学び，研鑽(けんさん)していくことだと思います。それを念頭に置き，第2章以降を読み進めていただけると幸いです。

第2章
集団認知行動療法のエビデンス

　この章では，集団認知行動療法の介入研究について，対象疾患別にご紹介します。
　また，これから研究を始めたいと考えている方のために，今後の展望についても述べています。
　臨床実践と共に治療技法のエビデンスを蓄積することはとても重要です。ぜひ参考にしてください。

第1節 集団認知行動療法とは

1. 集団CBTの定義

　認知行動療法（cognitive-behavioural therapy：CBT）とは，時間制限のある構造化された心理療法の1つです[45]。CBTの特徴として，患者は，①治療者と共同して，困っていることに影響している，ものの考え方を見つけること，②問題のあるものの考え方に気づく能力を身につけること，③問題のあるものの考え方に対処するための能力を身につけること，があります[45]。集団CBTは，CBTを集団形式で行うものであり，心理教育，社会的スキルの向上，否定的な考え方の修正，快適な活動の向上，リラクセーション訓練などを行うものです[45]。

2. 集団CBTの適用範囲とエビデンスレベル

　本章では，統合失調症，うつ病性障害，強迫性障害，物質使用障害に対する集団CBTの国内外のエビデンスを紹介します（表2.1）。これらの疾患に対して集団CBTを実施するメリットは，①患者1人あたりに要する時間と費用を削減できる可能性があること，②患者同士の助け合いを促す機会を与えられること，などがあります[67]。こうしたメリットが期待され，集団CBTの介入研究が数多く蓄積されています。例えば，英国国立医療技術評価機構（National Institute for Health and Clinical Excellence：NICE）による治療ガイドラインでは，うつ病性障害と強迫性障害における有効性の認められた治療法の1つとして，集団CBTの使用が推奨されています。また，メタ分析や系統的展望により，集団CBTの有効性は，他の心理療法よりも特別優れているのではなく，心理療法などを実施しない通常診療の状況よりもよいことが示されています。一方，わが国のエビデンスは，無作為化比較試験（randomized controlled trial：RCT）のような，内的妥当性（研究で得られた知見の信頼できる程度）の高い研究法を使っている研究はなく，対照群を設けた研究も限られている状態です。次節からは，表2.1に示すエビデンスの詳細を紹介し，わが国で研究を始め

表2.1 集団CBTの適用範囲とエビデンスレベル

疾患名	国際的なエビデンス		わが国のエビデンス		
	治療ガイドライン	メタ分析や系統的展望	無作為化比較試験	対照群あり	対照群なし
統合失調症	—	○	—	—	○
うつ病性障害	○	○	—	○	○
強迫性障害	○	○	—	—	—
物質使用障害	—	△	—	○	○

○　有効性が認められている
△　一貫した報告がされていない
—　報告されていない

ようとする場合のポイントを示します。

第2節　対象疾患別集団CBTのエビデンス

1．統合失調症

(1)　症状と経過

　統合失調症とは，幻聴が起きるなど，個人の知覚・思考・感情・行動が障害される病気の一種です[48,65]。統合失調症の特徴的な症状は，陽性症状と陰性症状の2つに分かれます[3]。陽性症状とは，正常機能の過剰または歪みを反映しているように見え，①被害妄想，②幻聴，③会話にまとまりがなく，話題が次々に変化して脱線すること，④硬直した姿勢を維持して動かされることに抵抗すること，などの特徴的な症状があります。また，陰性症状とは，正常機能の減退または喪失を反映しているように見え，①身振りの減少，②会話の量や流暢さの減少，③仕事や社会生活に対する興味の減少，などの特徴的な症状があります。

　統合失調症の典型的な経過は，①前駆期，②急性期，③安定期の3段階に分かれます[48]。ここで前駆期とは，統合失調症の発症前に機能の低下が

見られる時期を意味します。具体的には，①記憶と集中の問題，②引きこもり，③コミュニケーション困難，④衛生意識の低下，⑤日々の活動への興味と意欲の減退，といった問題が生じます。前駆期の次の段階である急性期では，陽性症状が生じます。そして，安定期では，急性期に行った治療により陽性症状は改善し，陰性症状が残る場合があります。なお，統合失調症の経過は個人により大きく異なるため，どの程度の割合の人がよくなるかなどの情報は，研究により大きく異なり，一貫した結果はありません[69]。

(2) 統合失調症対策の重要性

統合失調症は，0.3～2.7%の人が一生のうちに患うといわれています[58]。また，精神科の入院患者の中で最も大きな割合（62.2%）を占めている病気です[28]。自殺と統合失調症の関係は密接で，統合失調症の自殺率は5.6%であり[52]，自殺対策の一環としても統合失調症への適切な治療が必要だと指摘されています[42]。

(3) 標準的な治療法と個人CBTの位置づけ

NICEによる統合失調症の治療ガイドラインでは，統合失調症の急性期や再発予防の中心となる治療法は，抗精神病薬による薬物療法となっています[48]。なお，抗精神病薬は数多く上市されていますが，薬剤の種類により有効性と副作用が大きく異なります[30]。また，心理社会的介入の中では，①芸術療法，②家族療法，③個人CBTのいずれかを，すべての統合失調症の患者に実施するよう推奨されています[48]。芸術療法は陰性症状，家族療法は再発予防，個人CBTは入院期間の短縮や再発予防について有効性が認められています[48]。

(4) 集団CBTの効果

前述したように，統合失調症の治療ガイドラインでは，心理社会的介入の1つとして個人CBTを使用するよう推奨されています。しかし，有効性が認められたからといって，実際にすべての患者が個人CBTを受けられ

るわけではありません。アメリカ合衆国のような心理療法の盛んな国ですら，統合失調症の個人CBTを実施できるスタッフが足りないといわれています[41]。この人的資源の限界に対する解決策の1つとして，集団CBTが注目されています[29]。

それでは，治療ガイドラインで推奨されている個人CBTは，集団においても効果が維持されるものなのでしょうか。ワイクスら[74]は，統合失調症の患者の中で，集団CBTによる陽性症状や陰性症状への効果は個人CBTに匹敵するかをメタ分析により検討しています。このメタ分析では，集団CBTは7研究（計399症例），個人CBTは26研究（計1,565症例）収集しています。その結果，統合失調症の患者の中で，①集団CBTか個人CBTを受けた者は，通常診療（支持的精神療法など）を受けた者と比べて，陽性症状や陰性症状が良好になること，②集団CBTの効果は個人CBTに匹敵すること，が示されています。

次に，具体的な介入研究の一例として，アメリカ合衆国にあるノースカロライナ大学のペンら[53]の研究を紹介します。この研究の目的は，幻聴の見られる統合失調症の患者の中で，集団CBTを受けた者は強化された集団支持的精神療法を受けた者と比べて，陽性・陰性症状が良好になるかを検討することでした。研究法はRCTでした。グループの構成は2つの治療法ともに，①スタッフは2名，②1グループの参加者は4～7名，③毎週1時間のセッションを12回行う，というものでした。この集団CBTの目標は7つに分かれ，最終的には幻聴への対処方略を身につけることを目標としました（表2.2）。参加者は，①統合失調症または統合失調感情障害，②18～65歳，③中等症の幻聴が見られる，④少なくとも8週間前から抗精神病薬の治療を開始している外来患者であり，総計65名でした。そして，①介入前，②介入後，③介入終了から3カ月後，④介入終了から1年後の4時点で，統合失調症の重症度を陽性・陰性症状評価尺度（Positive and Negative Syndrome Scale：PANSS）[75]により評価しました。その結果，統合失調症の患者の中で，集団CBTを受けた者は，集団支持的精神療法を受けた者と比べて，陽性症状や陰性症状が良好になることが示されています（図2.1）。

表2.2 幻聴への集団CBTの概要[53]

セッション	内容
第1回	治療の紹介：メンバーやセラピストとのラポールの構築，他の人も似たような経験をもっていることに注目してもらう。
第2–3回	心理教育：精神疾患の理論や主な治療法について説明する。
第4–5回	幻聴の内容：セルフモニタリングを実践する（幻聴が起こる前，幻聴が聞こえている最中，幻聴のあとに考えたことや行動を患者に尋ねる）。
第6–7回	幻聴の行動分析：パターンを認識したり，自分の経験を分析するアプローチを学ぶ。
第8–9回	幻聴の増加と減少の戦略：上記の練習を経たのち，実際に幻聴が聞こえた際に対処方法を利用し，その対処方法の効果を検討する。
第10–12回	幻聴への対処方略：いくつかの対処方法を試し，幻聴をよりコントロールでき，苦痛を軽減できると感じる方法を続けて実践してみる。

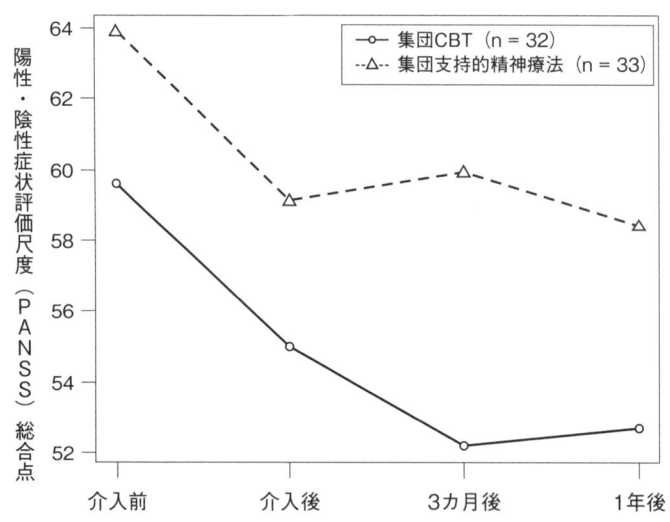

横軸は評価時点，縦軸は統合失調症の重症度を示す。陽性・陰性症状評価尺度（PANSS）[75]の得点が低いほど重症度が低いことを意味する。効果の大きさを示す指標であるヘッジズのg値を算出すると，介入終了から1年後の重症度に関して，集団支持的精神療法と比較して，集団CBTの効果が高いことがわかる（g=0.53，95% CI=0.04～1.03）。

図2.1　統合失調症に対する集団CBTの効果[53]

(5) わが国の研究と今後の課題

わが国でも，統合失調症に対する個人CBTの研究が報告されつつありますが[8-10]，集団CBTの介入研究は石垣ら[12]の報告に限られています。石垣らは，統合失調症の患者の中で，個人CBTを併用する集団CBTを受けた者は，介入前と比べて，介入後の統合失調症の重症度が良好になるかを検討しています。この集団CBTの構成は，毎週2時間のセッションを20回行うものです。参加者は，薬物抵抗性の妄想のある統合失調症の入院患者（8名）です。そして，①介入2週間前，②介入直前，③介入後，④介入終了から6カ月後の4時点で，統合失調症の重症度を簡易精神症状尺度（Brief Psychiatric Rating Scale：BPRS）[37]により評価しました。その結果，個人CBTを併用した集団CBTを受けた者は介入直前と比べて，①介入後の統合失調症の重症度が改善されており，②その効果は介入終了から6カ月後の時点でも持続することが，示されています。

このように，わが国においても統合失調症に対するCBTは注目されつつありますが，CBTの普及のためにはスタッフが継続的なスーパーヴィジョンを受ける枠組みが必要であると指摘されています[22]。これまで国際的に報告されているCBTの有効性を示す介入研究の多くは，十分な訓練を受けたスタッフによる介入でした[22]。また，スタッフの訓練が十分でないと集団CBTの効果が見られないことも報告されています[73]。わが国における統合失調症に対する集団CBTは萌芽的な段階なので，十分な訓練を受けられる枠組みの整備や，よりいっそうの介入研究の蓄積が必要であると考えられます。

2. うつ病性障害

(1) 症状

うつ病性障害とは，ほとんどすべての活動に対して興味を感じなくなるなど，気分が障害される病気の一種です[65]。うつ病性障害の特徴的な症状は，①気分の落ち込み，②興味の喪失，③過去の失敗を繰り返し思い悩む，④集中力の低下，⑤死について繰り返し考える，などです。うつ病性障害の種類は，「特徴的な症状が持続している期間」と「症状の数」など

により，①大うつ病性障害，②気分変調性障害，③特定不能のうつ病性障害，の3つに分類されます[65]。また，うつ病性障害の重症度は，「特徴的な症状の数」と「社会生活の支障の程度」により，①閾値下，②軽症，③中等症，④重症，の4段階に分けられます[45,65]。

(2) うつ病性障害対策の重要性

うつ病性障害は，6.7％の人が一生のうちに患うといわれています[16,17]。自殺とうつ病性障害との関係は密接で，うつ病性障害は自殺の原因・動機の27.6％を占めています[18]。また，うつ病性障害は，①有病率が高く，②社会生活への支障の程度が大きく，③初発年齢が低いため，うつ病性障害が社会全体に与える影響はHIV/AIDSに匹敵するほど大きいといわれています[32,68]。

(3) 標準的な治療法と集団CBTの位置づけ

NICEによるうつ病性障害の治療ガイドラインでは，段階的治療（stepped care）が推奨されています（図2.2）[45]。段階的治療とは，強度の低い介入で効果が見られない症例に対しては，1つ強度の高い介入を試みるといった，重症度と治療への反応に合わせた治療法を選択するためのモデルです。例えば，閾値下から中等症の症例には，原則として（うつ病性障害の既往歴のある症例などを除き）抗うつ薬を使用せず，低強度の心理社会的介入を選択するよう推奨されています。低強度の心理社会的介入の中では，①アシストつきのセルフヘルプ（CBTに関する読書療法を支えてくれるセラピストとともに行う），②コンピューターによるCBT（CBTに関するコンピュータープログラムを行う），③構造化された集団運動療法，が推奨されています。

こうした，低強度の心理社会的介入により改善しない症例や，中等症から重症の症例には，①抗うつ薬による薬物療法，②高強度の心理社会的介入，③抗うつ薬と高強度の心理社会的介入の併用，を選択するよう推奨されています。高強度の心理社会的介入の中では，①集団CBT，②個人CBT，③対人関係療法[注1]，④行動活性化[注2]，などが推奨されています。

第2節　対象疾患別集団CBTのエビデンス　13

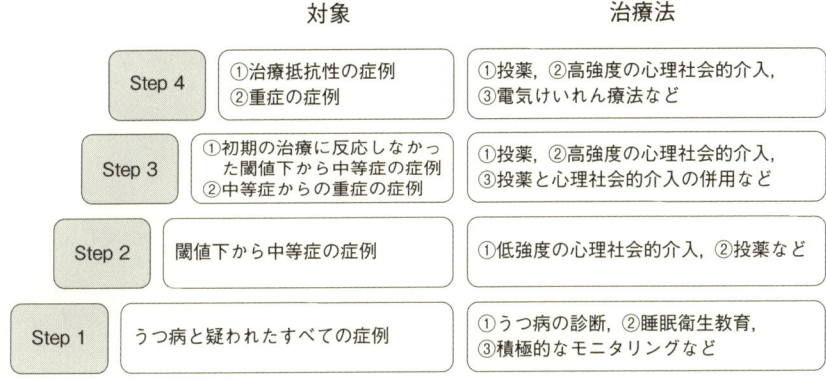

図2.2　段階的治療[45]

集団CBTは，①構造化された治療内容を，②よく訓練された2名のスタッフにより，③参加者は8～10名，セッション数は10～12回の構成として，④10～16週間にわたって開催してフォローアップも行うこと，が推奨されています。

(4)　集団CBTの効果

前述したように，高強度の心理社会的介入の1つとして集団CBTを使用するよう，うつ病性障害の治療ガイドラインで推奨されています。それでは，どのようなエビデンスが蓄積されているのでしょうか。ウィら[49]は，うつ病性障害における集団CBTの効果を検討した13研究（計625症例）を系統的に展望しています。その結果，うつ病性障害の患者の中で，集団CBTを受けた者は集団CBTを受けていない者と比べて，うつ病性障害の重症度などが良好になることを示しています。

次に，具体的な介入研究の一例として，英国にあるマンチェスター大学のスコットとストラドリング[61]の研究を紹介します。この研究の目的は，

注1)　対人関係療法：ジェラルド・L・クラークマンらにより開発された短期精神療法。重要な他者との現在の関係に焦点をあて，症状がどのような対人関係状況の中で形成されたのかを理解し，適応的な対人関係機能を強化する。
注2)　行動活性化：達成感や楽しみを感じられるような活動を増やして，うつ症状を改善する技法。

14 第2章 集団認知行動療法のエビデンス

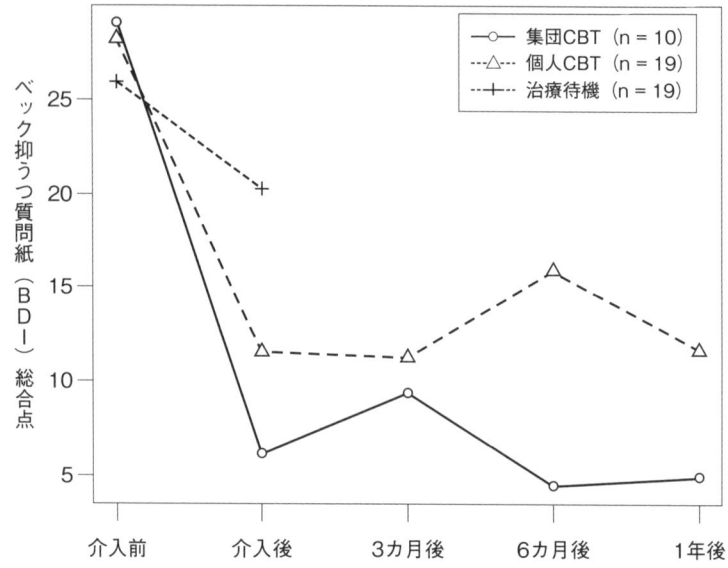

横軸は評価時点，縦軸はうつ病性障害の重症度を示す。ベック抑うつ質問紙（BDI）[60]の得点が低いほど，重症度が低いことを意味する。効果の大きさを示す指標であるヘッジズのg値を算出すると，①介入後の重症度に関して，治療待機と比較して，集団CBT（g=1.73, 95% CI=0.95〜2.52）と個人CBT（g=1.08, 95% CI=0.42〜1.73）の効果は高いこと，②介入終了から1年後の重症度に関しては，個人CBTと比較して，集団CBTの効果は高い（g=0.92, 95% CI=0.25〜1.59）ことが示されている。

図2.3　うつ病性障害に対する集団CBTの効果[61]

大うつ病性障害の患者の中で，集団CBTによるうつ病性障害の重症度への効果が個人CBTに匹敵するかを検討することでした。研究法は，参加者を，①集団CBT群，②個人CBT群，③治療待機群の3群に連続的に割り付けるものでした。集団CBTの構成は，3回の個人面接のあと，毎週90分のセッションを12回行うものでした。一方，個人CBTの構成は，毎週45分のセッションを12回行うものでした。参加者は，①大うつ病性障害，②プライマリケア医から紹介された外来患者であり，総計48名でした。そして，①介入前，②介入後，③介入終了から3カ月後，④介入終了から6カ月後，⑤介入終了から1年後の5時点で，うつ病性障害の重症度をベック抑うつ質問紙（Beck Depression Inventory：BDI）[60]により評

価しました。その結果，大うつ病性障害の患者の中で，①集団CBTか個人CBTを受けた者は，治療を待機した者と比べて，うつ病性障害の重症度が良好になること，②集団CBTの効果は個人CBTに匹敵すること，が示されています（図2.3）。

(5) わが国の研究と今後の課題

わが国でも，うつ病性障害に対する集団CBTの効果は検討されつつあります[23,24,35,43,64,64]。例えば，木下ら[23]は，大うつ病性障害の患者の中で，集団CBTを受けた者は介入前と比べて，介入後のうつ病性障害の重症度が良好になるかを検討しています。この集団CBTの構成は，①スタッフは3名，②1グループの参加者は5～6名，③セッションを12回行うもので，参加者の総計は15名でした。そして，①介入前，②介入後，③介入終了から3カ月後，④介入終了から6カ月後の4時点で，うつ病性障害の重症度をハミルトンうつ病評価尺度（Hamilton Rating Scale for Depression：HAM-D）[25]により評価しました。その結果，集団CBTを受けた者は，①介入前と比べて，介入後のうつ病性障害の重症度が改善されており，②その効果は介入終了から6カ月後の時点でも持続することが示されています。

このように，わが国においても，うつ病性障害に対する集団CBTの効果が示されつつあります。ただし，対照群を設けた研究は限られており[43,64]，RCTは報告されていない状況です。また，集団CBTの実践が十分になされていない状況であることも指摘されています[34]。うつ病性障害対策の重要性と集団CBTの効果を考えると，集団CBTの実践と研究をよりいっそう進展させる必要があると考えられます。

3. 強迫性障害

(1) 症状と経過

強迫性障害とは，強迫観念と強迫行為を特徴とする，不安に関する病気の一種です[65]。強迫観念とは，①握手で汚染することを繰り返し考えてしまう，②ドアに鍵をかけてこなかったと過度に心配する，などの特徴的な症状があります。また，強迫行為とは，①手が汚いように感じて何度も

洗いなおしてしまう，②ドアの鍵をきちんと閉めたかどうかを何回も確認して，その場から離れられない，などの特徴的な症状があります。強迫性障害は，このような強迫観念や強迫行為の一方または両方を抱える病気です。強迫性障害の50％の人は10～19歳で発症します[19]。また，発症後10年間で60％の人の症状は改善しますが，発症後30年間を経ても50％の人に何らかの症状が残ることがわかっています[62]。

(2) 強迫性障害対策の重要性

強迫性障害は，1.6％の人が一生のうちに患うといわれています[19]。強迫性障害の患者における，①社会生活の支障の程度の大きさ，②生活の質の低さ，③家族の負担の大きさは，統合失調症に匹敵するといわれています[7]。また，不安に関する病気の中でも強迫性障害による社会生活の支障の程度は大きく[20]，アメリカ合衆国における1990年の強迫性障害による経済損失は84億米ドルであり，そのうちの70％は労働生産性の低下による損失だと見積もられています[4]。

(3) 標準的な治療法と集団CBTの位置づけ

NICEによる強迫性障害の治療ガイドラインでは，うつ病性障害と同様に段階的治療が推奨されています[47]。例えば，社会生活の支障の程度が軽症の症例には，薬物療法や高強度の心理社会的介入ではなく，低強度の心理社会的介入を選択するよう推奨されています。低強度の心理社会的介入の中では，①セルフヘルプ教材を用いた短期の構造化された曝露反応妨害法[注]を含むCBT，②電話にて行う曝露反応妨害法を含む短期のCBT，③曝露反応妨害法を含む集団CBT，が推奨されています。こうした，低強度の心理社会的介入により改善しないあるいは参加できない症例や，社会生活の支障の程度が中等症の症例には，①選択的セロトニン再取り込み阻害薬（selective serotonin reuptake inhibitors：SSRIs）か，②個人CBTな

注）曝露反応妨害法：不安や恐怖を引き起こしている刺激やイメージに直面させ（曝露），一時的に不安を低下させる強迫行為や回避行動をとらずに（反応妨害），不安や恐怖が生じなくなるまでその状況にとどまらせて馴化させる技法。

どの高強度の心理社会的介入を選択するよう推奨されています。

(4) 集団CBTの効果

前述したように，低強度の心理社会的介入の1つとして，集団CBTを使用するよう，強迫性障害の治療ガイドラインで推奨されています。それでは，どのようなエビデンスが蓄積されているのでしょうか。ヨンションとホウゴーア[14]は，強迫性障害の患者の中で，集団CBTを受けた者は集団CBTを受けていない者と比べて，強迫性障害の重症度が良好になることをメタ分析により示しています（3研究，計142症例を統合した結果）。

次に具体的な介入研究の一例として，スペインにあるベルビッチェ大学病院のハウリエタら[13]の研究を紹介します。この研究の目的は，強迫性障害の患者の中で，集団CBTによる強迫性障害の重症度への効果は個人CBTに匹敵するかを検討することでした。研究法は，参加者を，①集団CBT群，②個人CBT群，③治療待機群，の3群に無作為に割り付けるものでした。CBTの構成は2つの治療法ともに，①セッション数は20回であり，②心理教育，曝露反応妨害法，認知的技法[注]，再発予防を行うものでした。また，集団CBTは90分のセッション，個人CBTは45分のセッションでした。参加者は，①強迫性障害，②精神科で12週間の薬物療法を受けたあとで紹介された外来患者であり，総計38名でした。そして，①介入前，②介入後，③介入終了から6カ月後，④介入終了から1年後，の4時点で，強迫性障害の重症度をYale-Brown強迫観念・強迫行為尺度（Yale-Brown Obsessive Compulsive Scale：Y-BOCS）[44]により評価しました。その結果，強迫性障害に対する集団CBTの効果は，個人CBTに匹敵することが示されています（図2.4）。

(5) わが国の研究と今後の課題

森信ら[38]は，強迫性障害の患者の中で，集団CBTを受けた者は介入前と比べて，介入後の強迫性障害の重症度が良好になるかを検討しています。

注）認知的技法：CBTの数多い技法の中でも，認知面への介入のための技法。認知再構成法，メリット・デメリット分析など，多くの技法が含まれる。

18　第2章　集団認知行動療法のエビデンス

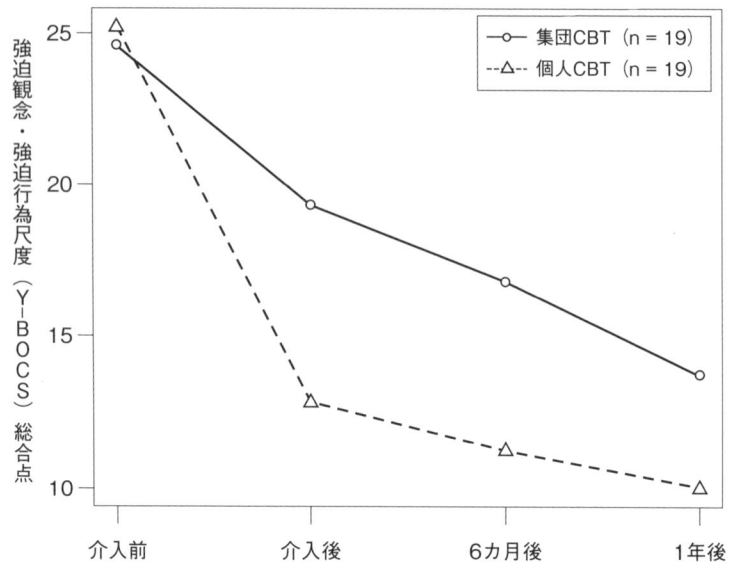

横軸は評価時点，縦軸はうつ病性障害の重症度を示す。強迫観念・強迫行為尺度（Y-BOCS）[44]の得点が低いほど重症度が低いことを意味する。効果の大きさを示す指標であるヘッジズのg値を算出すると，介入終了から1年後の重症度に関して，集団CBTの効果は個人CBTに匹敵することが示されている（g= − 0.37, 95%CI= − 1.01〜0.27）。

図2.4　強迫性障害に対する集団CBTの効果[13]

　この集団CBTの構成は，①スタッフは3〜4名，②毎週1時間のセッションを5回行うものでした。参加者は，①強迫性障害，②罹病期間が2年以上，③薬物療法を受けている患者であり，総計6名でした。そして，①介入前と，②介入後の2時点で，強迫性障害の重症度をY-BOCS[44]により評価しました。その結果，改善が見られた症例がある一方で，集団CBTを終了できなかった2例の脱落があったことが示されています。

　前述したように，強迫性障害の治療ガイドラインでは，社会生活の支障の程度が軽症の症例に対して，集団CBTの使用が推奨されています[47]。わが国の強迫性障害に対する集団CBTの研究は萌芽的な段階ですが，対象となる患者の重症度を考慮した上で，研究を蓄積する必要があると考えられます。

4. 物質使用障害

(1) 症状と経過

物質使用障害とは，精神活性物質の使用によってもたらされる物質への依存と乱用（有害な使用）に関する病気です[65]。精神活性物質とは，その使用が気分，認知，行動を変化させる物質のことをいいます[26]。主な物質として，アルコール，アンフェタミン，カフェイン，大麻，コカイン，幻覚剤，吸入剤，ニコチン，オピオイド（ヘロイン，アヘン，モルヒネなど），フェンシクリジン，鎮静剤・催眠剤・抗不安薬があげられます[26,65]。物質使用障害の多くの人は10代後半から20代前半に発症し，中毒と離脱を繰り返す長い病歴が見られます[26]。また，再発の可能性は物質の使用を中止してから1年間が最も高くなります[26]。

(2) 物質使用障害対策の重要性

物質使用障害は，6.2%の人が一生のうちに患うといわれています[21]。自殺と物質使用障害の関連は密接で，物質使用障害の患者の16.7%は過去12カ月間のうちに実際に自殺を企てた経験があるといわれています[15]。また，自殺を企てた者の約半数は，事前に精神科を受診していたという報告もあるため[50]，自殺を未然に防止するためには医療機関における効果的な対策が必要であると指摘されています[42,50]。

(3) 標準的な治療法と個人CBTの位置づけ

NICEでは，オピオイド，アンフェタミン，コカイン，大麻の有害使用者に関する治療ガイドラインを作成しています[46]。オピオイドに関しては，薬物療法と心理社会的介入を併用する統合的な治療プログラムを選択するよう推奨されています。また，アンフェタミン，コカインと大麻に関しては薬物療法の有効性が認められていないため，心理社会的介入を選択するよう推奨されています。心理社会的介入の中では，①動機づけを高めるための短期的介入，②自助グループ，③随伴性マネジメント[注]，が

注）随伴性マネジメント：オペラント条件付けの先行刺激―行動―結果の関係の分析や変容を行うこと。先行刺激や結果を操作することで，行動の生起頻度を変化させる。

推奨されています。なお，通常の症例に対しては個人CBTの使用は推奨されておらず，①アンフェタミン，コカインと大麻の有害使用者の中でも，うつ病性障害や強迫性障害などの不安に関する障害が併発している症例や，②大麻の有害使用者の中でも断薬に成功した症例，に対して個人CBTの使用が推奨されています。

(4) 集団CBTの効果

前述したように，物質使用障害の患者に対して，心理社会的介入を使用するよう，治療ガイドラインで推奨されています。しかし，治療の実施形態（個人療法や集団療法）や種類（CBT，自助グループ，家族療法[注1]など）による有効性の違いについては，一貫した報告がありません[26,63,70]。また，併存疾患などに対するCBTの有効性を示す研究もありますが[6,26,46]，有効性が認められないことを示す研究もあり[2]，今後さらなる検討が必要です。

物質使用障害の患者に対する集団CBTとしては，近年，マトリックスモデル（Matrix Model）が注目されています。マトリックスモデルとは，コカインや覚せい剤の依存症の外来患者に対する統合的な治療プログラムです[57]。具体的な介入研究の一例として，アメリカ合衆国にあるカリフォルニア大学のローンら[56]の研究を紹介します。この研究の目的は，コカイン依存症の患者に対する，マトリックスモデルに基づく集団CBTと随伴性マネジメントの有効性の違いを検討することでした。研究法は，参加者を，①通常診療群，②随伴性マネジメント群，③集団CBT群，④随伴性マネジメントと集団CBTの併用群，の4群に無作為に割り付けるものでした（表2.3）。すべての参加者に対して，①16週間にわたる治療，②週3回の尿検査，③薬物療法（メタドン維持療法[注2]）を行っています。それに加えて，特定の参加者に対しては，表2.3に示すような，随伴性マネジメントや集団CBTを行っています。参加者は，①コカイン依存症，②最低

注1）家族療法：家族を1つのまとまりとしてとらえる精神療法。家族1人の不適応を個人の病理としてとらえるのではなく，家族という1つのまとまりをもった有機システムが恒常性を維持しようとするホメオスタシスの機能の結果であるととらえるところに大きな特徴がある。

表2.3 コカイン依存症への介入[56]

①通常診療
　構成は，①薬物療法（メタドン維持療法）のために診療所を毎日受診，②1カ月に2回のカウンセリング，③必要がある場合は医学的治療とケースマネジメントを実施するもの。

②随伴性マネジメント
　構成は，①尿検査を1週間に3回，②随伴性マネジメントに精通しているスタッフによる2～5分の面接を行うもの。面接は，①尿検査の結果の振り返り，②「引換券」の提供，③「引換券」の使い方を相談，④引換券の価値に合わせた品物を提供するもの。
　「引換券」は，尿検査によるコカインの使用反応の結果が陰性の場合にもらえる。引換券の価値は，2.50米ドルから始まり，連続して陰性反応がでるたびに，1.25米ドルずつ価値が上昇する。陰性反応が3回続けば，ボーナスとして追加で10.00米ドルの価値が付与される。なお，治療期間中のすべての検査結果が陰性であれば，合計1277.50米ドル相当の引換券を獲得できる。陽性反応が出た場合や尿を提出しない場合には，引換券をもらえず，次回の引換券の価値が2.50米ドルに戻される。

③集団CBT
　構成は，①スタッフは1名，②1グループの参加者は4～8名，③90分のセッションを週3回行うもの。内容は，①心理教育，②再発リスクの高い状況と再発のサインを同定（状況，行動，認知，感情の側面から検討），③コーピングスキル[注3]の学習，④新しい生活習慣行動の獲得，⑤自己効力感の向上，⑥再発についての理解，⑦セルフモニタリングをするもの[55,57]。

90日間の薬物療法（メタドン維持療法）を受けている患者，であり，総計120名でした。そして，介入終了から①1週間後，②10週間後，③36週間後，の3時点で，コカインの断薬成功率を尿検査により評価しました。その結果，①随伴性マネジメントを受けた者は，通常診療を受けた者と比べて，介入終了から1週間後の断薬成功率が高いこと，②集団CBTの断薬成功率は徐々に向上し，介入終了から36週間後には通常診療をより大きく上回ること，が示されました（図2.5）。つまり，通常診療と比べて，随伴

注2）メタドン維持療法：薬物代替療法の1つ。医師の治療計画に基づき，依存物質を使用しなくなったあとの禁断症状を軽減する目的でメタドンが処方され，その後徐々に服用量を減らす。
注3）コーピングスキル：対処能力のこと。ここでは，物質依存に関して問題となる状況，行動，認知，感情に対処して物質使用行動に至らないための技能のことを指す。

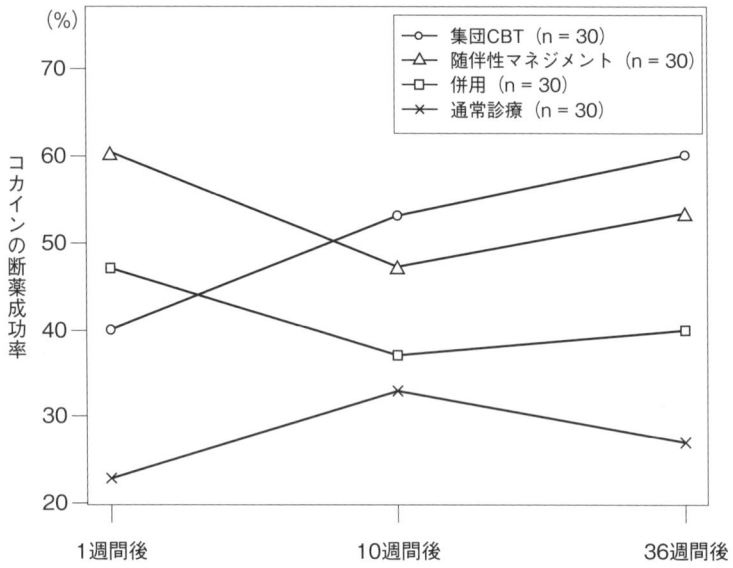

横軸は評価時点，縦軸はコカインの断薬成功率を示す。比率の差（Rate Difference：RD）を算出すると，①介入終了から1週間後の断薬成功率に関して，通常診療と比較して，随伴性マネジメントの効果が高いこと（RD=37.0%, 95% CI=13.9〜60.1），②介入終了から36週間後の断薬成功率に関して，通常診療と比較して，集団CBTの効果が高い（RD=33.0%, 95% CI=9.3〜56.7）ことが示されている。

図2.5　コカイン依存症に対する集団CBTの効果[56]

性マネジメントには即時的な効果が認められ，集団CBTには長期的な効果が認められることがわかりました。

(5)　集団療法実施の注意点

　医療機関において集団療法を行うことは，患者を自助グループなどのさらなる社会資源につなげるためにも有用です[36]。また，セルフコントロールがうまくできない物質使用障害の患者にとって，集団療法における他者の存在は外的なコントロール資源となり，隠れた物質使用や早期再発のサインを早く見つけ出す可能性も高まります[26]。ただし，参加者の動機づけや病気の理解が不十分な状態で集団療法を行うと，治療に対して強い抵抗

感を示したり，他の参加者との間でトラブルが生じたりと逆効果になってしまう可能性もあります[70]。薬物依存については，断薬後3カ月未満の場合は情緒的に不安定で認知機能も低下しているため，プログラムの内容を理解できない場合が多く，集団療法を行うと不愉快な感情が生じるという報告もあります[39]。参加者のプログラム導入の時期については注意が必要です。

(6) わが国の研究と今後の課題

わが国の物質使用障害に対するCBTの適用範囲は幅広く，少年鑑別所における薬物再乱用防止教育ツール[33]や覚せい剤依存患者に対する外来再発予防プログラム[27]，薬物依存症者に対する認知行動療法プログラム[40]，久里浜式認知行動療法[5]などが開発されています。例えば，森田ら[40]は，薬物依存症者のリハビリ施設（Drug Addiction Rehabilitation Centers：DARC）に入所する20名の患者の中で，集団CBTを受けた者は，自助グループを受けた者と比較して，薬物に対する欲求が生じたときに適切な対処をとる自信が増すことを示しています。

このように，わが国においても物質使用障害に対するCBTは，近年，開発が進みつつあります[5,27,33,40]。しかし，対照群を設けた研究などは限られており[27,40]，RCTは報告されていない状況です。今後，各プログラムの普及とともに質の高い計画に基づくさらなる知見の蓄積が期待されます。

第3節 集団CBT研究の今後の課題

1. 集団CBTの研究の蓄積状況

今まで紹介してきたように，国際的に集団CBTのエビデンスはかなり蓄積されてきています。それでは，わが国でのエビデンスは，どのような状況でしょうか。「医中誌Web」という文献データベースを使って，1983～2009年で「集団認知行動療法」「集団認知療法」「集団行動療法」のい

24　第2章　集団認知行動療法のエビデンス

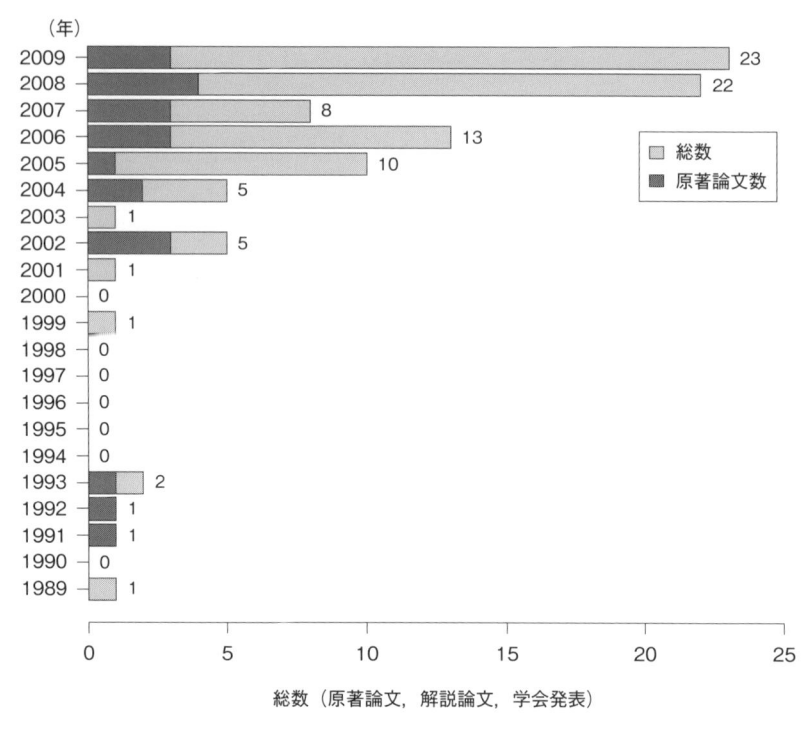

図2.6　集団CBTの文献数の推移

（横軸：総数（原著論文，解説論文，学会発表））

年	原著論文数	総数
2009		23
2008		22
2007		8
2006		13
2005		10
2004		5
2003		1
2002		5
2001		1
2000		0
1999		1
1998		0
1997		0
1996		0
1995		0
1994		0
1993		2
1992		1
1991		1
1990		0
1989		1

ずれかのキーワードが該当する文献を検索してみました。その結果を図2.6に示します。横軸は「原著論文，解説論文，学会発表の数」を，縦軸は「発表年」を示します。初めての文献は1989年に発表されています。文献の総数は，1989年には1編だったものが，2004年頃から増えてきて，2009年には年間23編の報告がなされています。ただし，その大部分は，「原著論文」ではなく，「学会発表」や「解説論文」にとどまっていました。原著論文とは，同じ分野の研究者が審査（査読）した上で公開されるものなので，ある一定の質が保証されている資料です。一方，「学会発表」や「解説論文」は，一般的に審査がない状態で公開されるものなので，質の保証がありません。「出版か消滅か（publish or perish）」という熟語もあるように，査読のある学術雑誌に報告しない限り，科学的に認められる

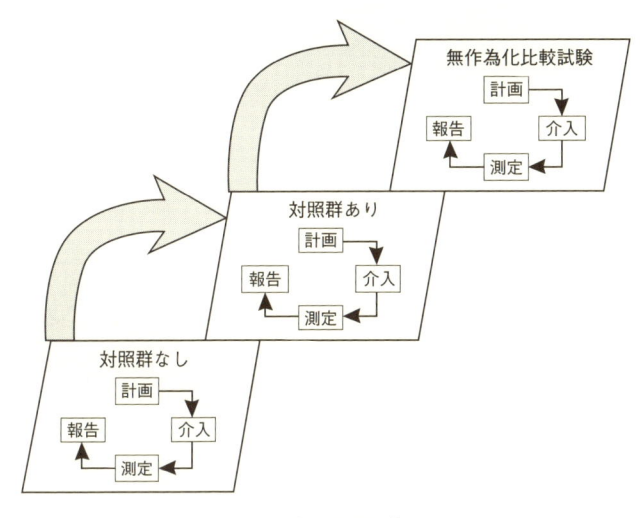

図2.7 研究の発展プロセス

資料となりません[59]。せっかくの研究を「消滅」させないように努力が必要です。

2.「計画―介入―測定―報告」のプロセス

わが国の集団CBTのエビデンスが国際的な水準に追いつくためには,「計画―介入―測定―報告」のプロセスを何度も循環させる必要があります（図2.7）。研究の初期段階では，無作為化比較試験（RCT）のような莫大な費用と労力のいる計画を立てることは非現実的です。まずは，予備的研究（pilot study）という位置づけで，無作為化比較試験ほどの内的妥当性（研究で得られた知見の信頼できる程度）を保てない研究法を使って，研究の実施可能性（feasibility）を検討することが一般的です。

3.「計画―介入―測定―報告」のプロセスの実際

「計画―介入―測定―報告」のプロセスが循環することにより，徐々に発展している研究例として，統合失調症患者に対する幻聴への集団CBTの発展プロセスを紹介します（表2.4）。ワイクスらによる集団CBTの予

表2.4 統合失調症患者に対する幻聴への集団CBTの発展プロセス

研究	対照群/無作為化	標本サイズ	セッション数	特異点
ワイクスら[72]	なし／なし	21	7	介入開始までに6週間の未治療期間を設ける
ワイクスら[73]	あり／あり	85	7	通常診療と比較
ピンカムら[54]	あり／なし	10	20	セッション数が7回の介入法と比較
ペンら[53]	あり／あり	65	12	強化された集団支持的療法と比較

備的研究は,1999年に『British Journal of Psychiatry』という一流誌に報告されています[72]。彼らの研究法は,対照群を設けないものであり,標本サイズも21名に過ぎませんでした。彼らの研究法の特異的な点は,介入開始までに6週間の未治療期間を設けて,介入前に自然経過により症状が改善することはないと示していることでした。こういった工夫は必ずしも必要ではありませんが,予備的研究における内的妥当性を高めるための好例といえます。

その後,RCTが2005年に報告されています[73]。また,7回であったセッション数を12あるいは20回に増やした予備的研究とRCTが,ノースカロライナ大学チャペルヒル校のグループにより報告されています[53,54]。このように,実施可能性の高い研究法を使って着実に研究成果を報告するという循環を繰り返すことで,徐々にエビデンスの質が高まっていきます。

4. 先人に倣う

次に,研究を計画する際に重要なことを紹介します。それは,可能な限り「先人に倣う」ということです。例えば,介入の効果を検討している先行研究を確認することで,①介入法,②調査対象の適格基準,③評価項目,④評価時点,といった内容をマネすることができます。また,マネをしない場合は,マネをしない理由を記述できるようにしておくことです。国際的に集団CBTのエビデンスはかなり蓄積されていますので,マネを

表2.5 評価項目の分類[31]

主観的評価項目 (soft outcome)	客観的評価項目 (hard outcome)
○症状評価尺度 ○生活の質	○自殺企図 ○再入院 ○不登校 ○失職／休職期間 ○脱落

する素材（先行研究）は十分にあります。予備的研究を計画するときは，まずは，入手可能な素材を網羅的に集めて，それぞれの研究内容を整理する作業から始めてみてください。

5. 伝統的・客観的な評価項目を選択

　介入の効果を測定するための評価項目を選択することは，きわめて重要な作業です。評価項目を選ぶ際には，第一に，伝統に従うことが大事になります。先行研究を確認すると，よく使われる評価項目がわかります。第二に，国際的によく使われる評価項目が日本でも使えるか（信頼性と妥当性が一度は確認されているか）を確認する必要があります。例えば，大うつ病性障害の介入の効果の評価項目として，伝統的にはHAM-DやBDIといった症状評価尺度が頻繁に使われていて[45]，それらは日本でも信頼性と妥当性が一度は確認されています[25,60]。可能な限り，オリジナリティあふれる（自分で作った）評価項目を使わないようにすべきです。

　前述した症状評価尺度は，主観的評価項目（soft outcome）と呼ばれる，比較的測定が容易なものです（表2.5）。精神医学や臨床心理学では，主観的評価項目を使うことが多いのですが，客観性が乏しいという批判があります[31]。「がん」や「循環器疾患」の介入の効果では「死亡」などの測定に時間や労力を要する評価項目を使うことが多いため，他領域に実証性をアピールするためにも客観的評価項目（hard outcome）を測定していくことが大事だと指摘されています（表2.5）[31]。どの客観的評価項目を使うべきかという疑問に対する統一された見解はありませんが，脱落（dropout）などは，心理療法の脱落率が50％近いことを考えると[71]，良質

な客観的評価項目といえるかもしれません。

6. 有効性から有用性へ

これまでは，研究計画の際に先行研究を確認することの重要性を述べてきました。本項では，介入の効果を検討している先行研究には，①有効性（efficacy）を検討する研究と，②有用性（effectiveness）を検討する研究の2種類あることを紹介します。有効性と有用性の研究の相違は，程度の違いであり，明確な区別はできませんが，大体の相違点をあげるならば表2.6に示すとおりです[76]。

まず，有効性を検討する研究とは，「ある介入が使えるか」という疑問に答えるために，十分な資源を使った理想的な状況のもとで実施する研究を意味します。有効性の検討をする際は，①厳密な適格基準で調査参加者を限定すること，②予定している介入が正しく実施されているかを監査すること，などにより，内的妥当性（研究で得られた知見の信頼できる程度）を高める努力をします。

次に，有用性を検討する研究とは，「通常診療の場面で，ある介入は使えるのか」という疑問に答えるために，通常診療に近い状況のもとで実施する研究を意味します。有用性の検討をする際は，①調査参加者をあまり厳密に限定しないこと，②介入は通常診療と同様に柔軟に適用すること，などにより，外的妥当性（研究で得られた知見を，研究参加者以外に適用できる程度）を高める努力をします。

一般的には，理想的な状況下で介入の有効性を確認したあとに，有用性を検討します[51]。まずは，わが国の集団CBTの有効性を十分に検討するために，有効性を検討した先行研究を参考にしてください。その後，研究で得られた知見が通常診療で適用できるかを確認するという，有用性を検討していく段階に上がることになるでしょう。

7. 適切な報告

最終的に，研究成果を科学的に認められる資料とするためには，査読のある学術雑誌に報告しなければなりません[59]。例えば，日本語の学術雑誌

表2.6 有効性と有用性の主要な違い[76]

相違点	有効性（efficacy）	有用性（effectiveness）
疑問	「ある介入は使えるのか」	「通常診療の場面で，ある介入は使えるのか」
状況	十分な資源を使った，理想的な状況	通常診療
調査参加者	厳密に限定する（治療遵守率が低い者や，介入の効果が弱くなるような状況の者は，しばしば研究から除外する）	あまり厳密に限定しない
介入	厳密に実施し，介入内容の遵守を頻繁に監査する	通常診療と同様に柔軟に適用する
評価項目	短期間の代用評価項目や過程を評価する項目	調査参加者，資金提供者，社会，臨床家にとって直接的に関連する項目
通常診療との関連	間接的（通常診療において，どの介入を使うべきかという意思決定と，臨床試験の研究法との整合性はあまりない）	直接的（通常診療において，どの介入を使うべきかという意思決定と，臨床試験の研究法との整合性が強い）

だと『精神科治療学』『心身医学』『行動療法研究』に過去2編以上の集団CBTの論文が掲載されています。このような査読のある学術雑誌に論文を投稿してから印刷されるまでには，約1年もの時間を要します[11]。論文掲載のプロセスには大変な苦労を要するにもかかわらず，残念ながら多くの論文では科学的に必要な情報が十分に報告されていない問題があると指摘されています[1]。この問題を解決するために，CONSORT声明という研究成果を適切に報告するためのガイドラインが開発されていて，その全文はオンラインで入手できます[1]。CONSORT声明では，①セッション数，セッションの間隔，1セッションの所要時間，全体の介入期間を記載すること，②介入の標準化に使用した教材を公開すること，など論文のタイトルから考察にかけて報告すべき22の要点がまとめられています[1]。せっかく苦労して論文を書くのですから，研究成果を適切に伝えるために，執筆前にCONSORT声明を確認してください。

8. 研究の実施に向けて

　本章では，集団CBTの国内外のエビデンスを紹介し，これから研究を始める方へのポイントを示しました。次章以降では，集団CBTの実施にかかわる実践的な情報を記載します。何より大切なことは，研究を始める前にまずは多くの人と協力して集団CBTをやってみて，効果を実感してみることでしょう。次章以降を参考にして集団CBTを実施したあとに効果を客観的な形で多くの人に知らせたいと思ったら，ぜひ，この章を振り返ってください。

文献（第2章）

1) Boutron, I., Moher, D., Altman, D. G. et al. : Extending the CONSORT statement to randomized trials of nonpharmacologic treatment : Explanation and elaboration. Ann. Intern. Med., 148 : 295-309, 2008.
2) Cleary, M., Hunt, G., Matheson, S. et al. : Psychosocial interventions for people with both severe mental illness and substance misuse. Cochrane Database Syst. Rev. : CD001088, 2008.
3) Crow, T. J. : Molecular pathology of schizophrenia : More than one disease process? Br. Med. J., 280 : 66-68, 1980.
4) DuPont, R. L., Rice, D. P., Shiraki, S. et al. : Economic costs of obsessive-compulsive disorder. Med. Interface, 8 : 102-109, 1995
5) 遠藤光一，樋口進：久里浜方式．精神科治療学，24 : 257-259, 2009.
6) Epstein, D. H., Hawkins, W. E., Covi, L. et al. : Cognitive-behavioral therapy plus contingency management for cocaine use: Findings during treatment and across 12-month follow-up. Psychol. Addict. Behav., 17 : 73-82, 2003.
7) Gururaj, G. P., Math, S. B., Reddy, J. Y. et al. : Family burden, quality of life and disability in obsessive compulsive disorder : An Indian perspective. J. Postgrad. Med., 54 : 91-97, 2008.
8) 原田誠一：幻覚の認知療法．臨床精神医学，27 : 953-958, 1998.
9) 原田誠一：幻覚妄想体験への認知療法．三重医学，44 : 113-114, 2001.
10) 原田誠一，佐藤博俊，小堀修 他：統合失調症の治療と認知行動療法の活用．精神療法，30 : 639-645, 2004.
11) 入來篤史：研究者人生双六講義．岩波書店，東京，2004.

12) 石垣琢麿, 道又襟子, 大久保ゆうこ 他：妄想に対する認知療法の効果—集団形式を利用した臨床研究. 精神医学, 46：955-962, 2004.
13) Jaurrieta, N., Jiménez-Murcia, S., Alonso, P. et al.：Individual versus group cognitive behavioral treatment for obsessive-compulsive disorder：Follow up. Psychiatry Clin. Neurosci., 62：697-704, 2008.
14) Jónsson, H., Hougaard, E.：Group cognitive behavioural therapy for obsessive-compulsive disorder: A systematic review and meta-analysis. Acta Psychiatr. Scand., 119：98-106, 2009.
15) 川上憲人：わが国における自殺の現状と課題. 保健医療科学, 52：254-260, 2003.
16) Kawakami, N., Takeshima, T., Ono, Y. et al.：Twelve-month prevalence, severity, and treatment of common mental disorders in communities in Japan：A preliminary finding from The World Mental Health Japan 2002-2003. Psychiatry Clin. Neurosci., 59：441-452, 2005.
17) 川上賢人：世界のうつ病, 日本のうつ病—疫学研究の現在. 医学のあゆみ, 219：925-929, 2006.
18) 警察庁生活安全局生活安全企画課：平成20年中における自殺の概要資料, 2009.
19) Kessler, R. C., Berglund, P., Demler, O. et al.：Lifetime prevalence and age-of-onset distributions of DSM-IV disorders in the National Comorbidity Survey Replication. Arch. Gen. Psychiatry, 62：593-602, 2005.
20) Kessler, R. C., Chiu, W. T., Demler, O. et al.：Prevalence, severity, and comorbidity of 12-month DSM-IV disorders in the National Comorbidity Survey Replication. Arch. Gen. Psychiatry, 62：617-627, 2005.
21) Kessler, R. C., Angermeyer, M., Anthony, J. C. et al.：Lifetime prevalence and age-of-onset distributions of mental disorders in the World Health Organization's World Mental Health Survey Initiative. World Psychiatry, 6：168-176, 2007.
22) 菊池安希子：統合失調症の認知行動療法—エビデンス, 認知モデル, 実践. 精神保健研究, 55：79-88, 2009.
23) 木下亜紀子, 鈴木伸一, 松永美希 他：うつ病を対象とした集団認知行動療法プログラムの有用性. 精神経学雑誌, 108：166-171, 2006.
24) 北川信樹, 賀古勇輝, 渡邉紀子 他：職場のメンタルヘルス最前線 うつ病患者の復職支援の取り組みとその有効性. 心身医学, 49：123-131, 2009.
25) 北村俊則, 須賀良一, 森田昌宏 他：操作的診断基準の信頼性とその問題点—Ⅲ 再試験法による研究用診断基準 (RDC), ハミルトンうつ病評価尺度, 陰性症状評価尺度の信頼度検定. 精神医学, 29：579-585, 1987.

26) Kleber, H. D., Weiss, R. D., Anton, R. F. et al.：Treatment of patients with substance use disorders, second edition. American Psychiatric Association. Am. J. Psychiatry, 163：5-82, 2006.
27) 小林桜児, 松本俊彦, 大槻正樹 他：覚せい剤依存患者に対する外来再発予防プログラムの開発—Serigaya Methamphetamine Relapse Prevention Program（SMARPP）. 日本アルコール・薬物医学会雑誌, 42：507-521, 2007.
28) 厚生労働省大臣官房統計情報部：患者調査. 厚生統計協会, 東京, 2010.
29) Lawrence, R., Bradshaw, T., Mairs, H.：Group cognitive behavioural therapy for schizophrenia: A systematic review of the literature. J. Psychiatr. Ment. Health Nurs., 13：673-681, 2006.
30) Leucht, S., Corves, C., Arbter, D. et al.：Second-generation versus first-generation antipsychotic drugs for schizophrenia：A meta-analysis. Lancet, 373：31-41, 2009.
31) March, J. S., Silva, S. G., Compton, S. et al.：The case for practical clinical trials in psychiatry. Am. J. Psychiatry, 162：836-846, 2005.
32) Mathers, C. D., Loncar, D.：Projections of global mortality and burden of disease from 2002 to 2030. PLoS Med., 3：e442, 2006.
33) 松本俊彦, 今村扶美, 小林桜児 他：少年鑑別所における薬物再乱用防止教育ツールの開発とその効果—若年者用自習ワークブック「SMARPP-Jr.」. 日本アルコール・薬物医学会雑誌, 44：121-138, 2009.
34) 松永美希, 鈴木伸一, 岡本泰昌 他：うつ病に対する集団認知行動療法の展望. 精神科治療学, 22：1081-1091, 2007.
35) Matsunaga, M., Okamoto, Y., Suzuki, S. I. et al.：Psychosocial functioning in patients with treatment-resistant depression after group cognitive behavioral therapy. BMC Psychiatry, 10：22, 2010.
36) 松崎陽子, 成瀬暢也：薬物依存症の集団療法：埼玉県立精神医療センターでの取り組み. 精神科治療学, 24：244-245, 2009.
37) 宮田量治, 藤井康男, 稲垣中 他：Brief Psychiatric Rating Scale（BPRS）日本語版の信頼性の検討. 臨床評価, 23：357-367, 1995.
38) 森信繁, 鈴木伸一, 松永美希 他：強迫性障害に対するグループ療法の試み—認知行動療法を応用して. 強迫性障害の研究, 6：67-71, 2005.
39) 森田展彰：薬物依存症に対する心理社会的治療—セルフヘルプ型のケアと心理教育プログラムの統合について. 精神科治療学, 19：1395-1404, 2004.
40) 森田展彰, 末次幸子, 嶋根卓也 他：日本の薬物依存症者に対するマニュアル化した認知行動療法プログラムの開発とその有効性の検討. 日本アルコール・薬物医学会雑誌, 42：487-506, 2007.

41) Mueser, K. T., Noordsy, D. L.：Cognitive behavior therapy for psychosis: A call to action. Clin. Psychol., 12：68-71, 2005.
42) 内閣府：自殺総合対策大綱. 内閣府, 東京, 2008.
43) 中島美鈴, 稗田道成, 島田俊夫 他：集団認知行動療法の比較対照試験による効果検討(1). 精神科治療学, 24：851-858, 2009.
44) 中島照夫, 中村道彦, 多賀千明 他：Yale-Brown Obsessive Compulsive Scale日本語版（JY-BOCS）とその信頼性・妥当性の検討. 臨床評価, 21：491-498, 1993.
45) National Institute for Health and Clinical Excellence：Depression：The treatment and management of depression in adults. British Psychological Society and Gaskell, London, 2009.
46) National Institute for Health and Clinical Excellence：Drug misuse：Psychosocial interventions. British Psychological Society and Royal College of Psychiatrists, Leicester and London, 2008.
47) National Institute for Health and Clinical Excellence：Obsessive-compulsive disorder：Core interventions in the treatment of obsessive-compulsive disorder and body dysmorphic disorder. British Psychological Society and Royal College of Psychiatrists, Leicester and London, 2006.
48) National Institute for Health and Clinical Excellence: Schizophrenia：Core interventions in the treatment and management of schizophrenia in adults in primary and secondary care（updated edition）. British Psychological Society and Royal College of Psychiatrists, Leicester and London, 2010.
49) Oei, T. P., Dingle, G.：The effectiveness of group cognitive behaviour therapy for unipolar depressive disorders. J. Affect. Disord., 107：5-21, 2008.
50) 岡坂昌子, 森田展彰, 中谷陽二：薬物依存者の自殺企図に関する研究—自殺企図の実態とリスクファクターの検討. 日本アルコール・薬物医学会雑誌, 41：39-58, 2006.
51) 大橋靖雄, 荒川義弘：臨床試験の進め方. 南江堂, 東京, 2006.
52) Palmer, B. A., Pankratz, V. S., Bostwick, J. M.：The lifetime risk of suicide in schizophrenia: A reexamination. Arch. Gen. Psychiatry, 62：247-253, 2005.
53) Penn, D. L., Meyer, P. S., Evans, E. et al.：A randomized controlled trial of group cognitive-behavioral therapy vs. enhanced supportive therapy for auditory hallucinations. Schizophr. Res., 109：52-59, 2009.
54) Pinkham, A. E., Gloege, A. T., Flanagan, S. et al.：Group cognitive-

behavioral therapy for auditory hallucinations: A pilot study. Cogn. Behav. Pract., 11：93-98, 2004.
55) Rawson, R., Obert. J., McCann, M. et al.：Relapse prevention models for substance abuse treatment. Psychotherapy: Theory, Research, Practice, Training, 30：284-298, 1993.
56) Rawson, R. A., Huber, A., McCann, M. et al：A comparison of contingency management and cognitive-behavioral approaches during methadone maintenance treatment for cocaine dependence. Arch. Gen. Psychiatry, 59：817-824, 2002.
57) Rawson, R. A., Obert, J. L.：Relapse prevention groups in outpatient substance abuse treatment. The group therapy of substance abuse. New York: US: Haworth Press, p.121-138, 2002.
58) Saha, S., Chant, D., Welham, J. et al.：A systematic review of the prevalence of schizophrenia. PLoS Med., 2：e141, 2005.
59) 酒井邦嘉：科学者という仕事：独創性はどのように生まれるか．中公新書，東京, 2006.
60) 鮫島和子, 松下兼介, 松本啓：うつ病者ならびに正常人における顕在性不安検査（MAS）およびベックうつ病評定法（BDI）の臨床的研究．心身医学, 16：311-319, 1976.
61) Scott, M. J., Stradling, S. G.：Group cognitive therapy for depression produces clinically significant reliable change in community-based settings. Behav. Psychother., 18：1-19, 1990.
62) Skoog, G., Skoog, I.：A 40-year follow-up of patients with obsessive-compulsive disorder. Arch. Gen. Psychiatry, 56：121-127, 1999.
63) Stead, L. F., Lancaster, T.：Group behaviour therapy programmes for smoking cessation. Cochrane Database Syst. Rev.：CD001007, 2005.
64) 田島美幸, 中村聡美, 岡田佳詠 他：うつ病休職者のための集団認知行動療法の効果の検証．産業医学ジャーナル, 33, 2010.
65) 高橋三郎, 大野裕, 染矢俊幸 訳：DSM-Ⅳ-TR 精神疾患の診断・統計マニュアル．医学書院, 東京, 2003.
66) 玉井仁：集団認知行動療法（CBGT）の効果と検討．アディクションと家族, 24：67-72, 2007.
67) Tucker, M., Oei, T. P. S.：Is group more cost effective than individual cognitive behaviour therapy? The evidence is not solid yet. Behav. Cogn. Psychother., 35：77-91, 2007.
68) Ustun, T. B., Ayuso-Mateos, J. L., Chatterji, S. et al.：Global burden of depressive disorders in the year 2000. Br. J. Psychiatry, 184：386-392, 2004.

69) van Os, J., Kapur, S. : Schizophrenia. Lancet, 374 : 635-645, 2009.
70) Weiss, R. D., Jaffee, W. B., de Menil, V. P. et al. : Group therapy for substance use disorders: What do we know? Harv. Rev. Psychiatry, 12 : 339-350, 2004.
71) Wierzbicki, M., Pekarik, G. : A meta-analysis of psychotherapy dropout. Prof. Psychol. Res. Pr., 24 : 190-195, 1993.
72) Wykes, T., Parr, A. M., Landau, S. : Group treatment of auditory hallucinations : Exploratory study of effectiveness. Br. J. Psychiatry, 175 : 180-185, 1999.
73) Wykes, T., Hayward, P., Thomas, N. et al. : What are the effects of group cognitive behaviour therapy for voices? A randomised control trial. Schizophr. Res., 77 : 201-210, 2005.
74) Wykes, T., Steel, C., Everitt, B. et al. : Cognitive behavior therapy for schizophrenia : Effect sizes, clinical models, and methodological rigor. Schizophr. Bull., 34 : 523-537, 2008.
75) 山田寛, 菊本弘次, 増井寛治 他：陽性・陰性症状評価尺度（PANSS）日本語版の信頼性の検討. 臨床精神医学, 22：609-614, 1993.
76) Zwarenstein, M., Treweek, S., Gagnier, J. J. et al. : Improving the reporting of pragmatic trials: an extension of the CONSORT statement. BMJ, 337 : a2390, 2008.

第3章
集団認知行動療法を始める前に準備すること

　この章では，集団CBTのプログラムそのものの"中身"というよりは，始めるための"周辺"の準備について紹介します。
　臨床家の皆さんはすでにご存じのとおり，どんなによいプログラムでも，臨床現場に合わず現場のユーザーやスタッフに受け入れられなければ，効果はなかなか上がりにくいものです。そこで，プログラムの効果を最大限に引き出すための準備について説明します。

第1節 対外的な準備

1. どのような人を対象とするのか

　どのような人を集団CBTの対象にするのかは最も大事なテーマです。参加者がどのような問題を抱えているか，どのような目的意識をもっているのか，また，診断名や知的水準の状態はどうか，年齢や性別や就労状況や経済状況などにばらつきがあるか，などを考慮します。

　一般的には，なるべく同質の参加者を集めたほうがグループ運営は簡単といわれています。同じ疾患名，似た年齢層，同性，似た学歴・経済状況などです。同質の参加者を集めるメリットとしては，次のようなことが考えられます。まず参加者同士が「似た悩みをもつ人に出会えた」という思いをもつことができます。また，「人のふり見て我がふり直せ」のように，自分と似た参加者を観察することで得られる気づきが多くなることもあります。また，集団CBTの目的を的を絞ったものに設定でき，集団の凝集性を高めることができます。デメリットとしては，多くの参加者を集めにくいという点があげられます。人口の多い地域の大きな機関ならば似た参加者を募集することは可能かもしれませんが，人口の少ない地域の小さな機関では，疾患名も年齢も性別も育った環境もばらばらであることがよくあります。また，あまりに同質の集団では，時に参加者同士の競争心が高まってしまったり，自分の視点とは違う視点からの意見を他の参加者から聞く機会が少なくなる可能性もあるでしょう。

　では，反対に，異質の参加者を集めたグループではどうでしょう。メリットとしては，参加者を集めやすくなります。参加を希望する人を，多く参加者として受け入れることができるため，参加基準を厳密にしにくい現場（学校現場やデイケアなど）ではこの方式が役立つでしょう。デメリットは，グループを運営するのが難しくなることです。スタッフの訓練や経験が必要になります。また，参加者同士で集団として共通の目標を共有しづらくなります。よって，なるべく多くの参加者が共有できるような目標とそれに応じたプログラムを用意することが肝心です。また，プログ

ラムの難易度や安全性についても，参加者の最小公倍数で設定する必要があります。例えば，知的に高い参加者が4割いても，理解が追いつかない可能性のある参加者がいる場合には，その参加者に基準を合わせる必要があります。また，対人関係場面が極端に苦手な参加者がいる場合にも，同様にその参加者に合わせて参加者同士の意見交換場面を減らしたり，ロールプレイなどの構造化されたものを取り入れるなどの工夫が必要です。抑うつの程度の重い参加者がいる場合には，1回分の学習内容を減らしたり，実施時間を短くしたり，途中退席を認めるなどの工夫もできるでしょう。パーソナリティ障害などの問題のある参加者については，1つのグループにそのような方は1人までのほうが運営しやすいでしょう。

　どのような参加者を対象にするかを決めるときには，もう1つ大切な点があります。それは，スタッフの準備状態です。

　1人でグループを運営する場合には，自分の経験や能力でカバーできる対象者までにしておきましょう。スタッフが初心者の場合には，できれば3人くらいまでの少人数で同質の対象者にするほうがよいでしょう。スタッフが安心して運営できる対象者に限定しましょう。スタッフが抱えている心配や不安は思った以上に参加者に伝わってしまうものです。「あなたが落ち着ける環境＝参加者にとっても心地よい環境」ということを念頭に置いておいてください。

　複数のスタッフと組んでグループを運営する場合には，いくつか工夫が必要になります。スタッフが増えることで，参加者への気配りが十分できますし，介入のバリエーションも増え，司会進行役の負担を減らすことができます。しかしながら一方で，スタッフ同士が足並みをそろえる工夫が必要になるのです。グループ運営には，いわば漫才のコンビのようなチームワークが必要です。

　どのような対象者なら受け入れることができそうか，スタッフ全員の意見を出し合いましょう。例えば，Aさんは「うつ病の人なら大丈夫そう」，Bさんは「軽症のうつ病で，ある程度理解力のある人ならできそう」，Cさんは「うつ病だけでなく，PTSDや強迫性障害の人まで対象を広げよう」，Dさんは「知的に多少問題があっても大丈夫」と言ったとしましょう。こ

の場合は，スタッフA～Dさんの意見の中で共通する最も狭い範囲を採用します。普通数人で物事を決めるときには，多数決や中間の意見で折り合うといった方法を用いることが多いかもしれませんが，集団CBTの対象者を決める場合には最も少ない範囲の意見に合わせると安全です。なぜなら，スタッフの全員が安心して取り組めることが，スタッフ自身にとってはもちろんのこと，参加者にとっても安全な治療の場を保障するために必要だからです。

　筆者（中島）が肥前精神医療センターで集団CBTを開始した頃，次のような経験をしました。当時，集団CBTをデイケアプログラムの1つとして行っていました。デイケアにはいろいろな疾患名，年齢，知的水準の方が参加されていて，多くの方が集団CBTへの参加を希望されました。私は当時「グループは多くの人に役立たなければならない。なるべく多くの参加者を受け入れたい。多様性があってもいいじゃないか」と考えていました。いざ始めてみると，参加者同士で多少話題が噛み合わないこともありましたし，進行についていけない参加者に対して特定のスタッフがフォローするため負担がかかってしまうこともありました。それでも私はグループ参加になるべく制限を設けず，敷居の低いものにしたいと思っていました。しかしある日のスタッフミーティングで，ずっと我慢をし続けてきたであろう1人のスタッフの方から，「グループの運営に対して自信がない，なぜこんなにもいろいろな参加者を一堂に会して行わなければならないのか」という意見が出ました。これは，私がこのまま続けていくには問題があるなと反省させられた出来事でした。それからはスタッフ全員で，対象にする参加者の選定だけにとどまらず，進行手順，人員配置，時間配分に至るまで決めるようにしました。全員で決めた決定ならば，全員が主体的にグループにかかわることができます。全員が我慢もできますし，努力もできます。そんなことを学んだ貴重な経験でした。

2. 明確なイメージをもつことのできる目標を設定する

　集団CBTを始める際には，その目標を明確にしておくことがとても大切です。集団CBTの目標の設定では，ターゲットとする症状や特性が何

で，それが最終的にどのようになるのかがはっきりとイメージされていることが必要です。例えば，うつ病の患者さんの落ち込んだ気分を少しでも軽くすることを目標とするのか，もしくは活動性を高めることを目標とするのか，対人関係において主張できるようにするのか，誰のどんなところをどんなふうにすることを目標とするのかをはっきりとイメージしておくことで，それに応じた構造，プログラム，場所，スタッフ構成などを組み立てることができるのです。この目標が曖昧なまま集団CBTを始めてしまうと，次のような困ったことになるかもしれません。例えば，そもそも目標がぼやけているため，効果についても測定しがたく，プログラムがどの程度効果を上げているのかはっきりしないとすれば，プログラムを見直してより効果的なものへと改善することも難しくなるでしょう。また，目標が曖昧なままでは，スタッフも何を心がけて参加者にかかわってよいのかわからなくなるでしょう。参加者の側も何をめざしていけばよいのかわかりにくく，戸惑ってしまうかもしれません。どこがゴールなのかがわからないレースを走り続けるほど苦痛なことはないでしょう。

　スタッフの中で明確な目標を立てることができたら，その目標を達成するためのさまざまな工夫を行いましょう。そして参加者とも共有し治療同盟を築きましょう。さらに大事な点は，参加者の個別性を反映した目標を参加者自身がもつことができるような支援をすることです。集団全体の目標を，もう少しだけ個人の文脈に応じてカスタマイズするのです。そうすることで，参加者の心にフィットした，実際的な目標になるでしょう。例えば，「うつ病の人の気分の落ち込みを改善する」が集団CBTの目標だったとしましょう。よい目標かもしれませんが，これでは正直，具体的な場面をイメージすることが難しいでしょう。参加者は毎日のどのような場面で，どのように考え，どのような気分になっているのでしょうか。その場面がありありと思い浮かべられるでしょうか。スクリーンに目標を達成した自分が映像として映し出されているくらいはっきりとイメージできるとき，目標達成は初めて可能になるのです。目標が「気分の落ち込みを改善する」では，参加者自身が自分の映像をありありとイメージすることは困難でしょう。自分がどんな場面でどんなふうに考えているのか，どんな振

る舞いをしているのか，それがどうなることが目標なのかをイメージしてもらうことが大切です。いつも会社で上司に叱られたあとに自分を責めて落ち込んでしまう30代男性が参加者だったとしたら，「上司に叱られたあとに自分を責めて落ち込むのではなく，反省すべき点は反省するが余計に落ち込むのはやめて，翌日まで引きずりたくない」とイメージするような感じです。さきほどの目標と比べて，ずいぶんその参加者の将来をイメージしやすくなったでしょう。もちろん参加者にとっては，この例の「上司」が「親」に代わる場面もあるでしょう。このくらい具体的な場面を切り取ってイメージできていれば，目標を達成するために具体的な対処を考えることができそうです。その結果，目標を達成できる可能性はかなり高くなるでしょう。このような個別性も反映した目標をあらかじめもって参加できる人はごくわずかでしょう。必要に応じて，グループセッションが始まる前に個別のプレセッションを設けて目標を立てるか，グループセッションの初回に目標設定の時間を設けてもよいでしょう。

3．対象と目標に応じた時間，回数を設定する

　集団CBTの1回あたりの時間や，1クールあたりの回数，頻度は，対象者や目標に応じて設定するとよいでしょう。すでに実施されている集団CBTでは以下のような設定が多いようです。参考になさってください。

> ○1回あたりの時間：30〜120分
> ○1クールあたりの回数：5〜12回
> ○頻度：週1回〜月1回

　1回あたりの時間は，参加者が集中することのできる時間やプログラム内容によって決まるでしょう。比較的重症な人や集中力に問題を抱えている人を対象にする場合には，短めの設定が望ましいでしょう。どうしてもプログラムが長時間にわたってしまう場合には，途中で休憩を入れたり，集中できなくなったときの対処法について事前に話し合っておきます。
　1クールあたりの回数は，目標に応じて，参加者の無理なく参加できる

範囲に応じて，実施施設の事情に応じてなど，いくつかの要因で決まるでしょう。多くの集団CBTの効果研究では，比較的回数の多い（16〜20セッション）研究において，12セッション以下の研究よりも効果が上がっているようです。しかし社会的・家庭的環境などから，たくさんの回数足を運ぶのが無理である場合もあるでしょう。他にも実施機関への交通の便が悪いことや，限られた休職期間や入院期間であることや，実施機関でその部屋が一定の期間しか使えないといった状況もあるかもしれません。無理なく参加できる範囲で，最大の効果を得ることのできる回数を設定できるとよいでしょう。

　頻度は，とても大切な問題です。入院中の連続10日間のような高頻度なセッションの設定から，月に1度といった頻度の少ない設定まであります。期間が短ければ集中して取り組むことができますし，各セッションで学習したことを記憶したまま次のセッションに臨めるため，流れをつかみやすいでしょう。また，参加者同士が打ち解けるのも早いかもしれません。反面，日常生活で実際に行動課題などを試すチャンスは少ないでしょう。参加者によっては，一時期にさまざまなことを学習しすぎて混乱することがあるかもしれません。期間が長ければ，うまくいけば大きな目標を達成できる可能性があるでしょう。反面，セッションとセッションの間隔が開きすぎると，参加者同士の連帯感も生まれにくく，セッション間のつながりも分断されがちです。ある程度自主的にホームワークに取り組める参加者であれば，次のセッションまでに多くの収穫があるでしょう。セッション間をどのように過ごすかということをグループのワークとして話題にするとよいでしょう。

　さまざまな複雑な要因が絡み合う現場で行う集団CBTの運営では，「理想的には1回90分を週1回で12セッションできればと思うのだが……，実際は実施機関は交通の便が悪く，参加者も重症の傾向にあるため，1回40分，週1回で4セッションが限度だろう」といったことがしばしば起こります。こういった状況を嘆くだけでなく，どういうメリットとデメリットがあるのかを認識した上で，メリットを少しでも増やしデメリットを少しでも減らせる対策をとることができればよいでしょう。

4. 目的や内容に合った準備物を用意する

集団CBTを行う際には，どのような物品を準備しておけばよいでしょうか。プログラムの目的や内容にもよるのですが，以下に示します。

【一般的に必要なもの】
　○椅子またはソファー
　○テーブルまたは筆記しやすいようなボード
　○ホワイトボード
　○参加者が記録できるもの（できればテキストやプリント）
　○筆記用具（できれば鉛筆と消しゴム）
　○時計

【口の渇きが副作用としてあるような薬を飲んでいる参加者が多い場合】
　○飲み物（カップ，電気ポットなどの準備や後片付けが必要になる）

【あれば便利なもの】
　○名札（参加者同士が交流しやすくなるが，スタッフの考えによる）
　○冷暖房器具
　○ひざ掛け（ソファーの場合，女性は足元を気にする）
　○荷物置きスペース
　○上着掛け
　○傘立て
　○ティッシュ（泣き出す人もいる）

【休憩をはさむ場合】
　○BGM（かけるだけで雰囲気が変わり，休むことができる人が増える）
　○カーテンやブラインド（リラクセーションを行う際に明るさを調整できる）
　○実施機関の入り口から部屋までの案内版や部屋のドアにつけるプレート
　○内容によっては，デジタルカメラ，ビデオ，ストップウォッチ，

> プロジェクター，パソコン，マットなど
> ○部屋の雰囲気をやわらげるための観葉植物など装飾品（集中力を妨げない程度のもの）

　ある程度必要なもののリストアップがすんだら，ぜひ一度スタッフのみでリハーサルをしてみましょう。
　これだけの準備物をそろえるのは，実はとても大変なことです。すでに施設内にあればよいのですが，新規で購入しなければならないものがあれば予算を気にしなければならないからです。管理者から集団CBTの実施について多大なる理解を得ている施設ならともかく，多くの実施機関では集団CBTに十分な予算を組めないのが現状でしょう。必要最低限の準備物からスタートして，徐々に効果を上げながら管理者に理解を求めるのが現実的かもしれません。

5. 参加者がリラックスできる環境を整える

　集団CBTを行う場所としてどのような部屋が適当でしょうか。行おうとする機関の事情によって大きく異なりますが，最低限おさえておきたい環境としては，以下のようなポイントがあげられます。

> ○話し声がもれない場所であること
> ○できれば毎回同じ部屋であること
> ○参加者同士がゆったり（パーソナルスペース[注]を侵さない程度）座れること
> ○暑すぎたり寒すぎたりしないこと

　このような環境を整えた上で，次のような条件もクリアできればよいでしょう。

注) パーソナルスペース：個人のもつ，他人からこれ以上近づかれると不快に感じる物理的な距離のこと。

- 暗い日当たりの悪い部屋よりは，窓のある明るい部屋
- お茶や参加者がそろうまでの間のBGM
- 硬い椅子よりはやわらかくゆったり座れるソファー
- 入り口の看板
- ホワイトボード
- 上着や荷物や傘を置くスペース
- まわりが騒がしくない環境

　ずいぶんお部屋のイメージが広がってきましたか。
　あなた自身がくつろぐことができ，そして参加者をもてなせるような環境を作りましょう。
　筆者（中島）が最初に集団CBTを始めようとしたときに確保できた部屋は，デイケアの2階で物置として使われていた部屋でした。外来の受付からも遠く，不便な部屋でした。薄汚れたブラインド，長い間使われていない流し台，雑然と置かれた大量の家具や道具を前にどうしたものかと頭を抱えました。暗い色で不ぞろいなソファーには布をかけて統一感を出したり，汚いブラインドの代わりにカフェカーテンをかけたり，造花や小物を並べたりすると，とてもすてきな部屋に生まれ変わりました。また，BGMとアロマでくつろぐことのできる雰囲気を作りました。職員に呼びかけて，家庭で使わないティーセットなどの食器を寄付してもらいました。予算がなくても，アイディア次第でいろいろ工夫はできるものです。
　ただし，手間や費用がセッションを続ける間ずっと負担にならないようにしておくことが大切です。特別な行事などで1回限りテーブルのレイアウトを変えるために家具を移動させたりお茶を準備したりするのであれば苦にならないスタッフは多いですが，毎回となると無理は続きません。毎回の準備や後片づけが苦にならない程度にしておくのも大切なことです。必要な備品を1カ所に収納するとか，セッションを行う部屋の中にすべて必要な道具をしまっておけるようにするなど，最小限の労力でセッションを始めることができるような仕組みを作ることができればしめたものです。

6. 既存のプログラムを利用する

　集団CBTを始める際に最も迷うのが,「プログラムをどのような内容にするのか」ではないでしょうか。対象となる参加者と目的に応じて内容を構成することが非常に大切です。

　とはいえ, プログラムを一から作り上げるには, 労力と時間が非常にかかりますし, そのプログラムで本当に効果があるのか疑問も残ることでしょう。集団CBT実施中の施設の多くでは, 既存のプログラムを用いたり, いくつか組み合わせたりしています。詳しい技法については, 第4章第1節「どの技法を用いるか」(p.84)でご紹介します。

　以下で, 国内でよく参考にされている既存のプログラムやテキストをご紹介します。

○『こころが晴れるノート―うつと不安の認知療法自習帳』[9]
○『さあ！はじめよう うつ病の集団認知行動療法』[8]
○『私らしさよ, こんにちは―5日間の新しい集団認知行動療法ワークブック』[6]

---

7. 参加者を集めるための広報活動

　集団CBTプログラムを多くの人に知ってもらうことはとても大切です。どんなによい効果の得られるプログラムでも, まずはそれを必要としている人に知ってもらわなければ, 提供することができないからです。残念ながらメンタルヘルスの専門家の多くは, よい臨床を実践することには熱心であるものの, 広報に関しては関心が低い傾向にあるようです。グループの運営には, 臨床実践の技能だけでなく広報などの別の技能も, 車の両輪のように必要なのかもしれません。

　参加者を募集するときには, 大きく分けて2種類の広報活動が必要です。1つは, グループセッションに参加してもらう参加者本人および周囲の人々に向けた広報活動です。もう1つは, 皆さんが集団CBTを始めようとする所属機関内のスタッフ向けの広報活動です。多くの場合, 前者の広

報活動については重要視されますが，実は後者も同じくらい大切です。グループを円滑に運営し継続していくためには両方が必要です。

(1) 参加者やその家族などの周囲の人々に向けた広報活動
まずは，次のような方法が考えられます。

> ○集団CBTプログラムを行う機関の掲示板にポスターを貼る
> ○集団CBTプログラムを行う機関のホームページを利用する
> ○募集対象に接する機会のある人（医療機関の主治医，担当看護師，病棟師長，人事や産業医やカウンセラーなどの企業のメンタルヘルス部門担当者，保健師，教師，関係機関など）にお願いする
> ○区や市などの広報誌もしくはホームページに掲載してもらう
> ○新聞広告，テレビやラジオなどのマスメディアを利用する
> ○チラシを作成して，配布や送付などを行う

頭を柔軟にして，いろいろな媒体を検討してみましょう。

参加費が無料（利益目的ではないなど）かつ公共性の高いものに関しては，多くの地方自治体の広報誌やホームページに掲載してもらえる可能性があります。ただし，掲載までに時間がかかることが多く，掲載したい月の数カ月前から依頼しなければならないことが多いようです。

インターネットは便利な媒体です。所属機関がホームページをもっている場合はぜひ掲載を検討してください。インターネット広告も有効な手段です。予算にゆとりがあれば強力な味方になるでしょう。募集対象が比較的若い層でパソコン環境が整っている場合，大人数の参加者を募集したい場合に最も効果を発揮します。逆に，パソコンに向かえないほどうつ状態の重い人や比較的高い年齢の人を募集したい場合，現在仕事をしていない人を募集する場合（就業中の人に比べるとインターネット環境が整っている割合は低くなります），ひとまず所属機関に現在かかわっている人の中から参加者を募りたい場合，少人数を集めたい場合などは不向きな方法といえます。

広報誌や新聞、チラシなどは、紙の媒体であるため、掲載されてから時間がたっても人々の目に触れることができます。公民館や精神保健センターなど人が多く集まりそうな場所で、許可を得てチラシを置いたりポスターを掲示したりするとよいでしょう。新聞に広告の掲載を依頼する場合は、募集対象者が購読している可能性が最も高そうな新聞を選ぶことが大切です。その地域ごとにどの新聞が最も読まれているかをリサーチする必要があります。広告料などは新聞社に問い合わせてみましょう。もし皆さんが立ち上げようとする集団CBTプログラムが珍しいものであれば、記事にしてもらえるかもしれません。その場合は広告料を支払う必要がないだけでなく、何よりの宣伝になるでしょう。

テレビやラジオは大変多くの人に情報を与えることのできる媒体です。そして多くの場合、映像やアナウンサーによる解説などプロによる演出が期待できます。募集対象の最も視聴していそうな番組を探してみるとよいでしょう。CMは予算にかなりのゆとりがなければ無理ですが、番組内で、お知らせもしくは特集として扱ってもらえるかもしれません。だめで元々と思って相談してみるとよいかもしれません。

参加者募集のためのポスターには、次のような事項を掲載します。グループがイメージできるような、イラストや写真を載せてもよいでしょう。

○グループの名称
○目的
○プログラムの概要（各回のテーマなど）
○参加対象
○日時
○場所
○参加方法（参加のための手続き）
○費用
○責任者の名前と連絡先
○注意事項

(2) 所属機関内への広報活動

　あなたが集団CBTを始めようとしている機関には，どのような相談体制がありますか。

　病院の例を見ていきましょう。患者さんはまず受付に行って，そこで診察券を出して診察の順番を待つのでしょうか。診察券を受け取った受付事務の人は，それを外来看護師さんにどのように伝えるのでしょうか。小さなクリニックでは受付と看護師さんが兼任かもしれません。ソーシャルワーカーなどその他の職種の人が担当しているかもしれません。カルテはどこにあって，誰が出すのでしょうか。患者さんに診察の順番が回ってきたら，誰がどのようにしてそれを伝えるのでしょうか。主治医はカルテをどのように利用するのでしょうか。診察の終わったカルテは誰がどこに運ぶのでしょうか。はたまた電子カルテなのでしょうか。誰がどのような情報をもとに会計を計算するのでしょうか。患者さんは診察以外にもデイケアを利用しているかもしれません。その日に血液検査があるかもしれません。そのような場合は，どのスタッフがどうかかわるのでしょうか。

　このように，患者さんにかかわるスタッフや関係する活動などの相談体制について，細かく把握する必要があります。そして，その一連の流れにかかわる人全員への広報活動が必要です。

　比較的小さな組織であれば，相談体制を把握するのは簡単かもしれません。しかし大きな組織の複数の部署でこの作業を行っている場合，把握するのに時間がかかるかもしれません。外来師長，事務，主治医は最小限おさえておきたい広報対象です。

　では，彼らに何を広報すればよいのでしょう。以下に主なものをまとめてみました。

○グループの対象者
○グループの目的
○場所，日時，期間
○参加費用（診療報酬の場合何点になるのか，どのようにカルテに記載すればいいのか）

> ○患者さんの受付から支払いまでの手順（それに必要なアクション）
> ○参加対象となりそうな患者さんがいた場合の紹介手順
> ○グループ責任者の名前と連絡先

　新しい取り組みをする場合，院内の委員会の承認が必要な組織もあります。カルテへの記入の仕方や，診療報酬点数のとり方に関すること，参加者募集のポスター掲示に関することなど，案外それぞれの機関によっての取り決めがあるものです。外来師長などに相談してみるとよいでしょう。
　では，どのような方法で所属機関内への広報活動を行えばよいのでしょうか。勤務時間内は，誰もが忙しくしているものです。特にアプローチしようとする看護師長や医師や事務の責任者などは，気軽に話しかけにくいかもしれません。新しいことを始めようとする場合は，院長やその部署のトップが始めようとする場合でもない限り，期待するような協力が得られないこともよくあります。企画した側は，集団CBTプログラムを始めることがとてもよいことだと感じるでしょうが，しかし企画を聞く側のスタッフの心境としては，いくら頭では「よい効果が得られる」と理解できても，反面「仕事が増える」「面倒くさそう」といった感想をもつことは自然なことです。そのような反応も起こり得るのだとあらかじめ予測して広報するとよいでしょう。
　また，組織の構造を把握して広報の方法を考える必要があります。組織をとらえる視点にはさまざまなものがありますが，ここでは「トップダウン方式」なのか，「ボトムアップ方式」なのかという視点で見ていきます。
　トップダウン方式の組織とは，組織の上層部が意思決定をし，その実行を下部組織に指示する管理方式の組織を指します。例えば病院なら，院長や医長などが「集団CBTを始める」と意思決定をして，その実行を皆さんに指示した場合は，トップダウン方式といえるでしょう。この場合，広報活動は楽になります。組織の上層部の管理職が指示を出す形で広報されるからです。広報自体は比較的容易ですが，現場のスタッフに押し付けと受け取られることのないよう，どのように現場スタッフのモチベーション

を高めていくかが課題となります。

　反対に，ボトムアップ方式の組織とは，下からの意見を吸い上げて全体をまとめていく管理方式の組織を指します。例えば，病院で管理職でない臨床心理士として働いていて，新しく集団CBTを始めようとする場合がそれにあたります。この場合は，広報の仕方を工夫する必要があります。最も省エネで他のスタッフにとっても心理的抵抗の比較的少ない方法は，既存のミーティングや申し送りやカンファレンスのような場所を利用させてもらうことです。簡単な配布資料を用意して説明したほうがよいのか，口頭だけのほうがよいのか，その会議の性質やスタッフの雰囲気などを見ながら判断するとよいでしょう。判断に迷う場合には，その場の雰囲気をよく知るスタッフに相談してみましょう。ただしこの方法は，そのミーティングやカンファレンスに出席した人にとってインパクトが弱い方法なので，聞き流されてしまう可能性はあります。ですから，「ひとまずアナウンスをして，その場のスタッフの反応をうかがう」くらいの認識で実行したほうが現実的かもしれません。職場内で定期的に活動報告会もしくは研究報告会のようなものが実施される場合，もし小さくても集団CBTを始めている場合には絶好の広報のチャンスになります。プログラムの概要だけでなく，どのような効果があったのかをアピールできます。また，新しい仕組みを自ら作って広報する方法もあります。例えば，所属している職場に勉強熱心な人が多くいる場合，勉強会を立ち上げるのもよい方法でしょう。その場で一緒に集団CBTの技法について学んでいくことで，広報だけでなくスタッフ研修も自然に行えるという利点があります。比較的気心の知れた数名のスタッフで構成された小さな勉強会から始めて，徐々に拡大していく方法です。

　これまでトップダウン方式かボトムアップ方式かということで述べてきましたが，もちろん同じ組織でも企画によって，または部署によって，時期によって，どちらの方式にもなる可能性があります。また，同じ企画の中でもはじめはトップダウン方式で始まったグループが，徐々にボトムアップ方式に変わっていくということもあります。所属機関を組織としてとらえる視点をもちながら，広報活動，ひいてはその後のグループ運営を

考えていくことが大切です．

(3) 広く社会全体に向けた広報（啓発活動）

　グループが軌道に乗って効果を実感できるようになったら，社会へ広報してみましょう．集団CBTに関心のある専門家へ情報共有として，また現在はメンタルヘルスの問題を抱えていない一般市民へ予防の情報として，などが考えられます．前述したテレビやラジオや新聞や広報誌に加えて，学会や研究会，シンポジウムなども利用できるでしょう．

8. 適正な参加費用を設定する

　治療者の多くは，「治療プログラム」そのものについては関心をもち，熱心に勉強します．しかし，費用についてはあまり関心のない人が多いようです．一方で多くの管理職や経営者側は，そのプログラムを行うことでどのくらいの利益を見込むことができるかという点に注目します．プログラムを始めたいと思うのなら，有用な治療プログラムであることを説明するのと同じように，費用の面についても管理職に説明することが必要です．というのも，皆さんの所属機関で働く職員に支払われる給料，施設，冷暖房費，照明，医療器具からカルテにいたるまで，すべてにお金が必要だからです．病院でも施設でも企業でも，よいサービス（治療）を提供するにはお金がかかります．そしてそのサービスを継続していくためにまたお金がかかります．こうして経済活動が続いていくのです．

　よいサービス（治療）を提供するための知識や技術などの能力と，利益は，車の両輪のようなものです．ですから，少しだけ保険診療についての知識を増やしておきましょう．管理職への説得力が数段増します．

　参加費用については，集団CBTを行う機関ごとにまったく違った料金設定になるでしょう．保険診療内で行うか，保険診療外で行うのかで大きな差があるからです．

(1) 保険診療内で行う場合

　「診療報酬」という言葉をご存じでしょうか．医療では，保険診療にて

54　第3章　集団認知行動療法を始める前に準備すること

表3.1　集団CBTに関連する

			必　要　な
参加者の加療形態		医師＋精神保健福祉士または臨床心理技術者[*1]	作業療法士＋助手	経験のある2人以上 ・1人：精神保健福祉士か臨床心理技術者[*1] および ・1人[*2]：看護師，准看護師，作業療法士
	入院	入院集団精神療法 ・参加者：〜15名 ・時間：1時間〜 ・条件：入院半年以内の患者に週2日が限度。医師より個別の治療計画必要。同一日の通院精神療法は算定できない。 ・点数：100点	精神科作業療法 ・参加者：作業療法士1人あたり25人程度（入院・通院問わず） ・時間：2時間〜 ・条件：専用の施設100㎡以上必要 ・点数：220点 ・条件：活動に必要な消耗材料は医療機関の負担とすること。	入院生活技能訓練療法 ・参加者：〜15名 ・時間：1時間〜 ・点数：（入院半年以内）100点，（半年越）75点 ・条件：活動に必要な消耗材料は医療機関の負担とすること。週に1日まで。同一日に行う他の精神療法は算定できない。急性期の患者に行うことはできない。
	通院	通院集団精神療法 ・参加者：〜10名 ・時間：1時間〜 ・条件：開始から半年まで，週2日までが限度。同一日に行う他の精神療法は算定できない。 ・点数：270点		

[*1] 心理学的な学問を学び，心の悩みをもつ人から心理相談を受ける人。
[*2] 日本精神科病院協会，国立精神・神経センターが実施している研修を受講していることが必要。

診療報酬点数の一覧

スタッフ				
デイケアスタッフ（届出機関のみで算定可能）				
精神科ショートケア ・参加者：規模による。 ・時間：3時間 ・点数：（小規模）275点，（大規模）330点 ・条件：退院3カ月以内は同日に行う自宅および社会復帰施設における精神科訪問看護，指導の点数が算定できる。 ・早期加算20点。	精神科デイケア ・参加者：規模による。 ・時間：6時間 ・点数：（小規模）590点，（大規模）700点 ・プログラムの作成，効果の判定が必要。 ・当該療法を最初に算定した日から1年以内の場合，早期加算として50点を加算。	精神科デイナイト・ケア ・参加者：規模による。 ・時間：10時間 ・点数：1040点 ・当該療法を最初に算定した日から1年以内の場合，早期加算として50点を加算。	精神科ナイトケア ・参加者：規模による。 ・時間：午後4時以降に開始して4時間 ・点数：540点 ・当該療法を最初に算定した日から1年以内の場合，早期加算として50点を加算。

○開始3年を超えると，週に5日までの算定が限度。
○活動に必要な消耗材料は医療機関の負担とすること。
○上記4つ同士もしくは同一日の通院精神療法は算定できない。

実施した医療行為ごとにそれぞれ点数が決められています。この点数は，厚生労働省が決めた全国一律のもので，診療報酬点数表に記されています。そして，その点数に応じた金額を患者さんが支払います。1点＝10円です。3割負担の人ならば，点数×10円×0.3の金額を医療機関窓口で支払います。例えば，100点の医療行為を受けた3割負担の患者さんは，100点×10円×0.3＝300円を窓口で支払います。医療機関にとっては，300円（患者さん負担）＋700円（医療保険）＝1000円の収入となります。

　表3.1（p.54-55）は，現行の診療報酬点数表から一部抜粋したものです。集団CBTが該当する可能性のあるものをピックアップしてみました。表中の点数に10円をかけてみれば，病院にいくらの収入となるのか，さらにその金額に0.3をかけてみれば患者さんの負担額がわかります（保険の種類によって負担割合が変わります）。また，毎日のようにデイケアを利用している人や，通院の長い人は，「障害者自立支援法」という通院費の負担を軽くする制度を申請している人も多いようです。詳細はソーシャルワーカーや医療事務の人に尋ねるか，あるいはインターネットなどで調べてみましょう。

　ここでは，肥前精神医療センターを例にあげて説明します。

　肥前精神医療センターでは，集団CBTを「通院集団精神療法」および「入院集団精神療法」として行っています。医師と看護師と作業療法士と臨床心理技術者がスタッフとして参加し，90分のセッションを行っていましたので，ちょうど条件があてはまりました。

　しかし，最初からこれだけ多くのスタッフを確保できたわけではありません。最初は臨床心理技術者1名で運営していたので，デイケアプログラムの一部として開始しました。まずは既存のプログラムの1つとして試行してみようというねらいと，特別な手続きも必要なかったことが理由です。もともとデイケアに通所していた患者さんは，これまでと負担が変わることなくプログラムが受けられました。プログラムだけに参加した患者さんは，たいてい同じ日に主治医の診察を受けていたので，新たに金銭的な負担は増えませんでした（現在，臨床心理技術者のみが行う活動は医療行為とみなされず診療報酬点数では該当するものがないのですが）。この

グループは，当時は病院側としてまったく利益を生まない活動だったといえます。しかし長い目で見れば，「デイケアに役立つプログラムがある」といった認識が患者さんの間で広がったり，これまで医療機関にかかることに抵抗を感じていた人が「そのプログラムを受けたい」と病院に尋ねてくることが増えていったりしたのです。徐々に成果が上がりだして，それから作業療法士が増え，医師が増え，看護師が増え……という形で，診療報酬点数としても違う請求の仕方ができるようになりました。目先の利益だけでなく長期的な視点で，スタッフの確保や診療報酬点数の請求の仕方などを決めていくことも必要でしょう。

(2) 保険診療外で行う場合

バーンズ[1]は，参加者に全回の料金を一括して前払いしてもらうことを推奨しており，「確固とした明快な金銭的取り決めがコンプライアンスを高める」と述べています。なぜなら参加者には，バーンズのいうように「セッション間際のキャンセルやホームワークの不遵守，中途脱落などの傾向が残念ながらある」からです。実際に筆者が行っていたグループでも，同じような問題が見られました。欧米に比べてまだ治療に対して受け身であるといわれる日本人に対して，この料金前払い制度がどのように作用するのかわかりませんが，学費前払い制の英会話スクールや学校やフィットネスクラブが多い現状を見れば，効果的な仕組みなのかもしれません。保険診療内で集団CBTを行おうとするときには前払い制は導入できませんが，保険診療外ならば自由に設定することができます。

保険診療外では，1回あたりいくらくらいが妥当でしょうか。それは，集団CBTをどこで行うかに大きく関係するでしょう。医療機関なのか，カウンセリングルームなのか，EAP（Employee Assistance Program：従業員支援プログラム）なのか，学校なのか，福祉施設なのか。料金を誰が支払うかにもよるでしょう。EAPの場合，企業側が負担する場合もあるでしょう。また，地域にもよります。第4章では各地のプログラム実践例を紹介していますので，どうぞご参考になさってください（p.96-139）。その地域の保険診療外の個人カウンセリングの値段を参考にして設定しても

よいでしょう。また，プログラムの回数にもよるでしょう。1回の参加費が1500円でも10回プログラムならば15000円です。参加対象者にとって，負担になりすぎず，安すぎない料金を設定しましょう。機関によっては，休職中で収入がない人，生活保護世帯などの参加者には特別な料金を設定している場合もあるようです。

9. 仕組み作り

(1) 参加の手順について

新しく集団CBTを始める際には，組織立った仕組み作りが必要です。具体的にいえば，参加者が参加を希望する旨をどのようにスタッフに伝え，どのような基準で参加の承諾が得られ，誰が参加者にグループの概要を説明し，参加者が当日どこで参加費を払って，それがどのように処理されるのか，参加した記録は誰がどこに記載して，どのように保管されるのか，その情報は誰かに報告されるのか……など，決定しなければいけない事項がたくさんあります。これらについて，関連部署と十分に話し合い，同意を得ている必要があります。

以下は，筆者（中島）が精神科病院で作った例です。

```
ポスターで患者さんが参加を希望して主治医に伝える
          ↓
主治医が集団CBT担当部署にオーダー表を書く
（そのオーダー表で性別，年齢，診断名，主訴，連絡先などがわかる）
          ↓
集団CBT担当部署が参加希望者に連絡し，概要を説明する
          ↓
当日：参加者は受付で「○○プログラムに参加します」と伝えて部屋に向かう
          ↓
受付ではあらかじめグループ担当者が作成して渡しておいた集団
```

CBT参加患者一覧表にチェックを入れる
⬇
受付から外来看護師にカルテが渡る
⬇
集団CBT担当者がカルテを外来にとりに行く
⬇
グループセッション終了までに参加スタッフがカルテにはさまれた指示箋の所定の位置に「通院集団精神療法」と記入し参加者に手渡す
⬇
参加者は指示箋を持って受付へ行き，会計を済ませて帰る
⬇
カルテに記録して外来へ持参

　このシステムは，受付の事務の人，外来看護師，外来医長，集団CBTに参加するスタッフ，それに診療録委員会（カルテの記載様式や開示請求などの管理業務の円滑な推進のために設置される委員会）との話し合いを積み重ねて生まれました。所属機関によっては，もっとシンプルな手続きですむところも多いでしょう。大事なことは，関連するすべての人がわかっている仕組みであることです。また，口頭での打ち合わせだけでは，記憶から抜け落ちてしまったり，曖昧になったりしがちです。話し合って決めたことは後日，文章や図などにまとめて渡すようにしましょう。このときのポイントとしては，こちらにとっては大切な情報でも，相手にとってはお願いされた仕事にすぎないのかもしれないということを念頭に置くことです。相手はあなたほどその書類に興味はもたないかもしれないので，そのような人にもわかりやすいように箇条書きや図や写真などを用いて簡潔に伝えることが大切です。また，どこの組織も「書類」は多く，紙きれ1枚では紛失しがちですから，小さめの掲示物（ポスター形式やラミネート仕様などにして）の形にすると，大切にしてもらえるかもしれません。うまくいけば，どこかに掲示してもらえるでしょう。

同様に，参加者に対しても，どのような手順で申し込めばよいのか，当日はどのような流れで行動すればよいのか，はっきりわかるように示す必要があります。所属機関の職員として，ではなく，一ユーザーになったつもりで，想像力を働かせながら書いてみましょう。これらの情報は募集のポスターに記載してもよいですし，申し込み後の最初のオリエンテーションで配布するプリントにしてもよいでしょう。また，これは見落としがちな点ですが，欠席の仕方，連絡先（電話番号）についても忘れずに記載しましょう。

(2) スタッフの確保について

集団CBTを始める際には，できればスタッフを2，3名確保できるとよいでしょう。複数のスタッフがかかわることで，グループ内を複数の視点でとらえることができるようになります。その結果，治療効果は上がるでしょう。また，担当者の転出や休みといった事態にも対応でき，グループを継続しやすくなります。さらに，行っている集団CBTについて組織内に理解を呼びかける際にも役立ちます。

とはいえ，スタッフを十分に確保することができないのが大部分の施設の現状でしょう。とりわけ，ボトムアップ形式でグループを始めようとする場合，スタッフを確保するのは至難の業です。ただでさえ人手不足の施設ではなおさらです。今から始めようとする集団CBTがいかに有用であるか，そのためにスタッフを何名ほど確保する必要があるのかを管理職に情報提供し，考えてもらう必要があります。

この交渉の際に，あらかじめ考慮しておかなければならないことがあります。スタッフの職種や人数，どの程度の時間的な負担があるのかといったことを具体的に提示する必要があります。例えば集団CBTに必要な負担が100あったとしましょう。スタッフが5名で1人あたり20ずつの負担にするか，スタッフが2名で50ずつの負担にするかを選べる状況だとすれば，どちらを選びますか。スタッフの人数が多いメリットとしては，組織的に行うことができるため継続しやすく負担は軽くなります。一方デメリットとしては，各セッションに全員が出席するわけではないため，セッ

ションごとのつながりを感じることが難しくなりますし，スタッフ間の連携もとりにくくなるかもしれません。また，スタッフの人数が少ない場合のメリットやデメリットについても考えておきましょう。

　スタッフはどんな職種で構成しますか。多職種間で互いに他の職種の専門性をどの程度理解できているでしょうか。他の仕事で連携し，他の職種のスタッフのアセスメントの仕方や援助方法のよさを知っておくと，イメージできるかもしれません。また，職種によってはシフト制だったり，始業時間が違っていたり，管理体制が違っていたりします。曜日や時間を固定して行う集団CBTでは，勤務体制も大きくかかわってきます。シフトを調整するのは誰なのか，その職種のスタッフの配置を決める管理者は誰なのかを知っておく必要があります。筆者が肥前精神医療センターで取り組んでいたときには，スタッフの半数以上が看護師であったため，看護部長と各病棟師長にお願いして，集団CBTを行う日に必ず日勤となるようシフトを調整してもらいました。

　また，グループを始めて少しすると，「見学させてほしい」「実習生を受け入れてほしい」と，いろいろな部署から声がかかることが増えるでしょう。ソーシャルワーカーや作業療法士，研修医，臨床心理士などの実習先としてお願いされるのです。スタッフが足りない状況で運営している場合は，ありがたい人手が増えたととらえて受け入れてもよいでしょう。もちろんグループの参加者には実習生が入ることへの許可をもらうようにします。また，1グループに多くの実習生を抱えるのはかえって他のスタッフの負担が増すことになりかねないため，せいぜい2名までにします。実習生にはグループの目的や対象を伝えることも大切ですが，それと同時に「してよいこと」「わるいこと」といった具体的な行動のリストを手渡すようにするとよいでしょう。肥前精神医療センターで実習生の受け入れを始めた当初は，このようなノウハウはなかったため，居眠りをする実習生，参加者に無関心で足を組んでそっぽを向いている実習生などがいました。実習生の側も，これといった役割も与えられないまま退屈だったのかもしれませんが，参加者の治療の場となりませんでした。そのため，実習生に，理解が進まない参加者のフォローや記録など仕事を頼んでいたのです

が，"フォロー"がいったいどのような行動を意味するのかが伝わらなかったようで，あまり功を奏しませんでした。それからは，「ウォーミングアップのゲームをするときにはあなたを指名するので，皆がリラックスできるようにおもしろく答えてほしい」「ワークブックに書き込む時間に，隣に座っている参加者のペンがずっと止まっていたら，疑問点やわかりにくいところがないか尋ねてほしい」というように，具体的な行動としてお願いすることにしました。すると実習生も動きやすくなったようで，グループが円滑にまわるようになりました。ティーカップやホワイトボードの準備，板書やウォーミングアップの手伝いなど，実習生ができる範囲のことをお願いするようにもしました。

　スタッフの確保は，最も頭を悩ませる部分かもしれませんが，現在可能なさまざまな方法を柔軟に模索してみてください。組織によっては，最初から数名のスタッフを確保するのが難しい場合もあるでしょう。まずは1人で小規模に始めてみて，徐々に効果を上げて管理職を説得できるようになったらスタッフを拡充してもらう，というのもよい方法でしょう。

第2節　集団CBTの導入例

　2009年5月に，関東集団認知行動療法研究会という，主に関東地方の集団CBTにかかわっているメンタルヘルスの専門家のための勉強会が結成されました。
　ここでは，関東集団認知行動療法勉強会のメンバーが各施設において集団CBTをどのようにして始めたのかをご紹介します。「どのようなアクションで集団CBTを導入することができたのか」「それぞれの臨床現場における組織体制やニーズに，どのように集団CBTを適用させていくのか」「どのような工夫が功を奏したのか（奏しなかったのか）」といった貴重な報告です。読者の皆さんがこれから集団CBTを始める際や，すでに行われている集団CBTをさらに発展させる際の参考になれば幸いです。

第2節　集団CBTの導入例　63

導入例①　（報告者：高梨利恵子）

> 実践機関：爽風会心の風クリニック
> 住所：千葉県船橋市千葉県船橋市本町1−26−2　船橋SFビル3F
> 連絡先：Tel 047-422-1750
> 施設概要：精神科 復職支援デイケア
> プログラムを始めようとした時期：2007年10月
> 実際に開始した時期：2008年4月
> スタッフ構成：臨床心理士1名　看護師1名

❏プログラムを立ち上げたきっかけ
　クリニックを移転・拡大するにあたり，社会的ニーズの高い復職デイケアを設立し，日替わりで実施されるプログラムの1つとして集団CBTを導入することになりました。

❏プログラムの対象
　復職支援デイケア参加者（以下はその対象者）
　○うつ状態で休職中の方
　○回復期にあり，生活リズムはほぼ整いつつあるものの，復職に向けてのケアを必要とする方
　○通院先の主治医の許可がある方
　○週3回以上のデイケア参加が可能である方

❏プログラムの目的
　うつ症状の改善，およびうつ症状の再燃予防を目的として，次の3つのスキルの習得をめざします。
　○認知の歪みを修正
　○コミュニケーション
　○問題解決能力

■プログラムを立ち上げるまでのアクション

　毎日開催されているデイケアという構造の中で，集団CBTをどの曜日に設置することが適当かを検討しました。集団CBTは，他のプログラムに比べて，頭を使ったり自分に向き合ったりすることの多い負荷の高いプログラムであると位置づけられたため，あえて復職時につまずきやすい月曜日に設置し，参加者の回復の度合いを確かめる材料としてみようということになりました。

　さらに，参加開始後のどの段階で集団CBTを導入するかを検討する必要がありました。話し合いの結果，デイケア参加開始後速やかに導入して，その後の生活の中で応用してもらい，フォローアップをすることになりました。デイケアの立ち上げに際して，復職支援プログラムを実施している医療機関をいくつか見学しましたが，その中でNTT東日本関東病院で実施している集団CBTは復職支援のための集団CBTとして実績があることから，まずはそのプログラムを参考にしながら実施していくことにしました。

■プログラムの実際

　実施を重ねていく中で，参加者の特徴に合わせたり，他のプログラムとの兼ね合いを考慮するなど，当デイケアに必要なオリジナリティを加えていくことになりました。したがって，テキストは作成せず，毎回パワーポイントを用いてスライドを提示する形をとり，1クールごとにプログラムをバージョンアップさせていきました。

　また，集団CBTを行う際の机の配置は，復職時のイメージに近づけて会社の会議のときのような設定にし，あえて少し緊張感やプレッシャーに慣れてもらうように工夫しました。

　開所して間もない頃は，参加者がなかなか集まらず苦労しました。当初の予定では，クローズドグループで8回セッション1クールのプログラムを考えていたのですが，理想的な人数が集まるまでスタートを待っていると，デイケアの卒業間近になってしまう参加者も出てしまうことになります。そこで，「セミクローズド」グループにして，参加者のデイケア開始

時に合わせていつでも集団CBTに参加でき，デイケア卒業の時期に合わせていつでもやめられるようなプログラムにする必要が出てきました。これがなかなか難しく，例えばすでに何度も集団CBTに参加し，コラム法[注1]（認知再構成法[注2]の1つ）を自分自身で繰り返し記入したことのある人と，まったく初めて参加する人とが混在するグループでプログラムを進行する必要が出てきました。試行錯誤の末，何度も参加している参加者にレクチャーのアシスタントをしてもらい，解説を手伝ってもらうことにしました。このように当初は現実的な制約から苦肉の策として始まった「セミクローズド」グループですが，実施を重ねる中で予想を超えて優れた効果を生む仕組みであることがわかってきました。例えば，「次は自分が解説を担当するかもしれない」と意識するためか，参加者が真剣にレクチャーに耳を傾けるようになったのです。また，リーダーが参加者の解説を聞いて，その参加者の理解の程度を知ることができることもメリットでした。さらに，参加者による解説は，時にリーダーの解説と比べて，より参加者に理解しやすいことがありました。それはおそらく，解説を担当する参加者も少し前までは初心者であったため，自分がどこにつまずいたか，どこがわかりにくかったかということを体験的に知っているからではないかと

プログラムの行われている復職支援デイケアの一室

注1）コラム法：非機能的思考記録法ともよばれ，状況，情緒，自動思考，根拠，反証，適応的思考，結果などをコラムに書き込み，整理する方法。
注2）認知再構成法：不合理な信念や思考に気づかせ，適応的で合理的な思考に変容させる技法。

考えられます。そして，最もすばらしい効果として，解説をやり遂げた参加者は他の参加者から賞賛や感謝などで迎えられるため，大いに自信をつけるということがありました。しばらく仕事を離れているため自分の理解力やコミュニケーション能力に自信をもてなくなっていることの多い参加者にとっては，このような体験は非常に重要と考えられます。

　プログラムが完成した状態で導入されたわけではなく，参加者や現場の制約やニーズに対応する形でさまざまな試みを行いながら，プログラム自体も変化や成長を続ける過程であったと考えています。

導入例②　（報告者：白川麻子）

> 施設概要：自費診療によるカウンセリング機関（単科精神科と提携）
> スタッフ構成：臨床心理士1～2名，臨床心理士指定大学院生1～2名

□プログラムを立ち上げたきっかけ

　病院の事務長より，臨床心理士独自の疾患別プログラムを構築することはできないかと打診され，疾患ごとにアプローチがパッケージ化されている集団CBTが有用と考え，プログラムを立ち上げました。疾患別に，パニック障害，うつ病に引き続き，社交不安障害，強迫性障害を対象とした疾患別集団CBTプログラムを順番に立ち上げました。

□プログラムを立ち上げるまでのアクション

　自費によるプログラムであったため，料金，定員，開催回数などを事務長，臨床心理士，精神保健福祉士と相談し，決定しました。また，パンフレットを作成して，特に提携先の精神科医に趣旨や内容を説明し，周知させました。多くの医師が興味をもち，プログラム立ち上げに理解を示してくれました。

　多くの参加者に興味をもってもらうため，立ち上げ時のプログラムは心理教育内容を盛り込んだ説明会と称した第1部と，実践編の第2部に分け，第1部に参加して興味をもった方に第2部にも参加してもらうという形態

をとることにしました。これは精神保健福祉士のアイディアでした。
　続いて，パニック障害に対する認知行動療法に関する書籍をもとに，テキストを作成しました。テキストはパワーポイントを用い，イラストや図を豊富にして，できるだけ参加者にわかりやすいよう心がけました。
　部屋の確保は比較的スムーズに行うことができ，作業療法室を使用できることになりました。参加者が使用する机つきの椅子も新しくそろえました。
　その後，うつ病，社交不安障害，強迫性障害を対象としたプログラムも同様の手続きで立ち上げました。プログラムごとに必要だったのは，プログラム内容やプログラム構成を提携先の精神科医やコメディカルに説明することでした。これらはいずれもスムーズに行うことができました。

導入例 ③　（報告者：市口亜希）

> 実施機関：医療法人社団博奉会 相模ヶ丘病院
> 住所：神奈川県相模原市南区下溝4378番地
> 連絡先：Tel 042-778-0200　　Fax 042-778-3876
> 　　　　http://www.hakuhou-kai.or.jp
> 施設概要：精神科デイ・ナイト・ケア
> プログラムを始めようとした時期：2007年6月
> 実際に開始した時期：2008年7月
> スタッフ構成：臨床心理士1名（+作業療法士もしくは心理実習生）。臨床心理士以外の担当スタッフは各クールごとに決定。

☐ **プログラムを立ち上げたきっかけ**
　個人カウンセリングを予約待ちしている人が大勢いましたが，当院の臨床心理士は2名で，個人カウンセリングの空きはすぐには出ない状況でした。また個人カウンセリングは自費診療で料金が高いので，受けたくても受けられないという人が多くいました。そこで，デイケアのプログラムとして集団CBTプログラムを立ち上げることにしました。

❏ プログラムの対象

　当初は復職や職場適応をめざすうつ病の方を対象とするつもりでした。しかし，当院通院中で，復職や職場適応をめざす人に絞って対象者を探したところ，ほとんど集めることができませんでした。もともと当院に入院・通院中の患者でうつ病と診断されている方は全体の20％程度しかおらず，その中でさらに対象を限定してしまうと，対象者を集めることは困難でした。そこで，対象者を「うつ病もしくは抑うつ状態である人」としました。その結果，うつ病，不安障害，適応障害，パーソナリティ障害など，さまざまな問題を抱える方の混在するグループとなりました。

❏ プログラムの目的

　　○認知や行動のセルフモニタリングと修正を行うこと
　　○対処技能を身につけ，セルフコントロール能力を高めること

❏ プログラムを立ち上げるまでのアクション

　まずは管理職の許可を得るために起案書を書くことから始めました。管理職に納得してもらうには，今よりどの程度病院の利益とサービスの向上につながるかという点を強調する必要があります。集団CBTをデイケアのプログラムとして運用すると，参加者にとっては保険適用となるため，

集団CBTの行われるデイケアの一室

費用が安くすみ，一方病院としては，一度に多くの参加者に保険請求できます。ですから，参加者にも管理側にも喜ばれる方法といえます。この点を起案書に盛り込み，最終的にデイケアのプログラムとして集団CBTを実施する許可を得ました。当院の臨床心理士はデイケアの専従スタッフではないため，臨床心理士がデイケア勤務の日に集団CBTを担当することとなりました。

　集団CBTを開始する許可を得たものの，まだ問題はたくさんありました。事務への連絡方法，会計方法，部屋の確保と整備，テキストの作成，参加者の募集などです。これらそれぞれについて，関連部署や管理側と相談して許可をもらわなければならないため，それほどスムーズには進みませんでした。反対意見や別の意見が出れば，それについてまた検討するという具合に進めていきました。なかでも最も大変だったのは，参加者を集めることでした。当院の医師や近隣の病院やクリニック，ホームページなどに案内を出しましたが，すぐには参加者は集まらず，4名の参加者が集まって集団CBTを開始するまでに1年以上経過してしまいました。

導入例④　（報告者：濱田馨史）

　実施機関：医療法人社団博奉会 相模ヶ丘病院
　住所：神奈川県相模原市南区下溝4378番地
　連絡先：Tel 042-778-0200　　Fax 042-778-3876
　　　　　http://www.hakuhou-kai.or.jp
　施設概要：精神科デイ・ナイト・ケア
　プログラムを始めようとした時期：2005年2月
　実際に開始した時期：2006年2月
　スタッフ構成：デイケアスタッフ（コメディカル）2名（リーダー，書記兼コリーダー）

◼ プログラムを立ち上げたきっかけ

　当時，デイケアでは，レクリエーション療法だけでなく，再発予防，身

体疾患の合併への対応，社会復帰支援などの機能ももたせ，トータルリハビリテーションを実現しようと試行錯誤している最中でした。そして，そのように支援の幅を広げ，質を深めようとする中で，社会復帰などの過程で生じてくる幅広いさまざまな悩みに対応でき，トラブルシューティングできる「検討の場」が必要であることを感じていました。そこで，参加者全員で悩みを相談・検討しながら，日常生活・社会生活・疾病自己管理などに役立つさまざまな技能をトータルに訓練できる集団療法があったら支援の効率の面からみてもよいと考えたのがきっかけです。

◼︎プログラムの対象

　統合失調症の人を中心とするデイケアのメンバー

◼︎プログラムの目的

　参加者のリハビリテーション，社会復帰の中で生じるさまざまな困難を，自分で考え乗り越えられるようサポートすることがプログラムの目的です。また，そのような中で，セルフヘルプグループとしても機能できれば，さらによいのではと考えました。

◼︎プログラムを立ち上げるまでのアクション

　デイケアでトータルリハビリテーションを実現していく過程で，集団療法の必要性が検討されました。そのため，当初はスタッフ全員でミーティングを重ねていきました。

　精神疾患の治療やリハビリテーションでは，精神疾患自体を単純に病気の原因と症状という生物学的レベルの話でとらえるだけではありません。心理の介在や生活障害，それから，ストレスとなる環境などのレベルを含んだ，生物—心理—社会のメディカルモデルに包括的・統合的に働きかけるのが効果的であるとされています[3,5]。ただし，デイケアのメンバーは，症状や生活障害の質，経済状況，生活環境も個々でバラバラであり，それに対応する形でケアの目的も多岐にわたっています。そこで，濱田ら[4]は，生物—心理—社会の包括的なケアの領域を縦軸に，症状や機能を包括

表3.2 包括的モデル×GAFによる，精神科リハビリテーションの構造化

		GAF70以上 軽度の機能不全	GAF60以上 中等度機能不全	GAF50以上 重度の機能不全	GAF40以上 	GAF30以上 現実検討力低下
社会	(PSW)	就労前講座 ジョブコーチ	社会資源活用講座	体験学習 付添い		福祉サービスの 　導入 他の資源に委託
心理	(CP)	自助グループ 問題解決療法	家族会／家族教育 SST セルフコントロール	心理教育 集団精神療法 個人精神療法		所属・居場所の 　確保 グループ・ワーク 個別相談
	(OT)	卒業準備活動 趣味・余暇講座	認知機能リハビリ スポーツ	レクリエーショ ン療法		休養／リラク 　セーション 作業・園芸療法
	(Ns.) (Dr.)	応急／家庭の医 　学教室 健康講座 （日々の健康管理）	精神症状教室 健康教室 （喫煙・アルコー ル）	薬教室 健康指導 （糖尿・多飲水）		生活／服薬指導 健康診断／身体 　測定 薬物療法
生物		家事実践訓練	栄養学講座	調理		食事の提供

PSW：精神保健福祉士　　CP：臨床心理士　　OT：作業療法士
Ns.：看護師　　Dr.：医師

的に評価するGAF[注]得点を横軸にしたクロス表を用いて，トータルリハビリテーションをめざすためのデイケアプログラムを考えていきました（表3.2）。この表をクリニカルパスのように使用することで，スタッフにも参加者にも包括的なケアの進め方と見通しを明確にしていきました。また，包括的なケアの領域には，コメディカル全員の専門領域をぴったりとあてはめることができます。そのため，ともすればどの職種も均一な"デイケアスタッフ"になってしまいがちな中，それぞれの職種が各々の専門性をいかんなく発揮し，他の職種をコンサルテーションしながら牽引していくよう考えました。そして，お互いに連携をとり，チーム全体としての包括的なケア力というものを高めていくことを提案しました。その結果，ス

注）GAF（The Global Assessment of Functioning）：「機能の全体的評定尺度」と訳され，社会や職業上果たすことのできる役割（機能レベル）と病気の症状の重症度によって評定される。

タッフ一人一人がモチベーションと自己効力感を高めて，この動きに一丸となって取り組めました。また，その中の一プログラムである集団問題解決療法に関しては，認知行動療法の強みである「いかにこの取り組みが実証的根拠に基づくか」も説明したことで，全職種が導入や運営に前向きに取り組むことができました。さらに，心理教育プログラムと並行実施することで，疾病／生活の自己管理や，心理学的な対処法略，社会資源の活用などについて，参加者の知識と実践をつなぐことにも，チームとして取り組むことができました。

管理職には，起案書・会議での報告などで了承をもらい，実施にこぎつけることができました。新たな外来や入院での取り組み体制を構築するのではなく，デイケアの中でプログラムを1つ増やすのであれば許可がおりやすいのも，デイケアで実施するメリットであると思います。

参加者，ひいては担当する臨床心理士以外の職種のスタッフに対してモデルを提示するために，問題解決療法の手順を毎回掲示できるよう，ポスターを作成しました。また，守秘義務などの約束事項や評価の方法もいくつか事前に検討しました。

実施場所として，デイケア棟内の小部屋を使用することにしました。議論をボードに書きとめながら進めるため，ホワイトボードを前に置き，"頭脳集団"として活発に議論が進むよう，ラウンドテーブルを囲むように椅子を配置することにしました。

当初は，社会復帰をめざす方を対象としたクローズドグループでしたが，そのときに悩んでいる人をタイムリーに受け入れるため，あえてオープングループでの開催とし，毎回，プログラム前に参加希望者を募りました。

導入例 ⑤　（報告者：中島美鈴）

実践機関：独立行政法人国立病院機構肥前精神医療センター
住所：佐賀県神埼郡吉野ヶ里町三津160
連絡先：Tel 0952-52-3231　　Fax 0952-53-2864

> http://www.hosp.go.jp/~hizen/
> 施設概要：約600床 精神科 デイケア
> プログラムを始めようとした時期：2004年10月
> 実際に開始した時期：2005年2月
> スタッフ構成：精神科医1名，看護師3名，作業療法士1名，臨床心理士1名

◻ プログラムを立ち上げたきっかけ
　デイケアの患者さんたちの中には，主にうつ病の方や若い方で既存のプログラムに参加せずに過ごす方々がいました。その方々のニーズに応えられるような何か新しいプログラムを提供しなければならない時期でした。

◻ プログラムの対象
　○自分のことが大切にできずうつ状態になっている方（疾患は問わず，統合失調症，気分障害，アルコール・薬物依存，発達障害を含む）
　○入院および通院患者

◻ プログラムの目的
　○うつや不安の原因となっている認知や行動を修正すること
　○健全な自尊心をもつこと

◻ プログラムを立ち上げるまでのアクション
　プログラムを立ち上げたのは，デイケアの現状を報告し合ったり，これからの方針を話し合うデイケア会議で，「何か新しいプログラムを考えてほしい」と多くのスタッフに頼まれたことがきっかけでした。
　さっそくデイケアの参加者で既存のプログラムに参加していない方々に「どのようなプログラムがあればよいか」と尋ねてみました。すると口々に「ドーパミンがどうとかセロトニンがどうとか，そういうプログラムはもういいんです。どうせ薬を飲めとか，そう言うんでしょう。そうじゃな

くて，もっと人間の悩みについて語り合う場が欲しい。そしてどうしたら少しでも楽になれるのかが知りたい」「ただし，お勉強とか，かたいことはいやですからね」という答えが返ってきました。

そこで，いくつか関連する本を思いつきました。アサーション[注]の本やストレスの本，そして集団CBTの本でした。それらを机に並べてそれぞれについて説明し，その方々に選んでもらいました。すると，『自分を愛する10日間プログラム』という本（この本は現在絶版になっており，2009年に星和書店より『もういちど自分らしさに出会うための10日間』[2]というタイトルで新しく翻訳されている）が患者さん方の心をつかんだようでした。その本はとても分厚かったこと，すでに入手できない状態であったこと，全10回継続して参加できる人が少なかったことなどから，その本をヒントにしたワークブックを作成する作業に入りました。これには予想以上に時間がかかりました。本の中からデイケアの患者さんに合う技法を選び，それをなるべくわかりやすく1セッションの学習内容を見開き1ページにまとめる作業です。2カ月ほどかかって作成し，その後は個別面接で使用して，患者さんの感想をもとに分量を減らしたり，身近な具体例を盛り込むなどの修正を繰り返しました。

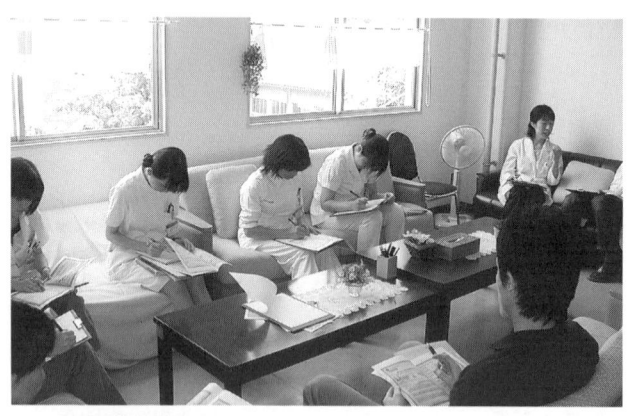

スタッフ研修の様子

注）アサーション：自分の意見，考え，欲求，気持ちなどを率直に，正直に，その場の状況に合った適切な方法で表現すること。自分も相手も大切にした，さわやかな自己表現。

これらと並行して進めなければならなかったのは，管理職に提出するための企画書の作成でした。当時私は入職1年目だったため，企画書にどのような書式を用いるべきか，誰に出すべきなのかというところから知る必要がありました。

次は，場所や使用するテキストやお茶などの物品を確保することが必要でした。といっても，集団CBTに適切な明るい部屋はすでに他の目的で使用されていたため，物置のような部屋に手を加えることから始めました。お茶を入れるコップやポットなどはバザーのように職員からの寄付を募って手に入れました。

また，患者さんをどうやって募集して，そして患者さんは参加当日どこで受け付けをすませ，どのように迷うことなく集団CBTの部屋にたどり着き，会計をすませるのか，診療報酬点数をどのようにするのかといった細かい仕組み作りと打ち合わせも必要でした。受付や診療報酬を担当する事務の方とも何度か話し合いをもちました。

参加者を集めるためには，院内外への広報も必要でした。院内に対しては，カンファレンスや院内向けのポスターを利用しました。院内でこの取り組みに興味をもってくれるスタッフを探して，グループのスタッフとして参加してくれるように頼むことも必要でした。院外に対しては，新聞，掲示板用のポスター，インターネット（当機関のホームページ）で参加者を募集しました。

これらの作業はもちろん面接や心理検査などの通常業務を進めながらのものでしたので，大変な労力でした。しかしプログラムが立ち上がって徐々に効果が表れるようになると，最初は作業療法士と医師，心理士だけだったのが，看護師が増え，一時期はソーシャルワーカーも参加してくれるようになりました。それぞれの職種の管理者（例えば看護師ならば看護部長，看護師長）の理解があってこそ実現できたスタッフ拡大でした。

第3節　治療者としての準備

1．技法の習得の方法

　集団CBTを始める際に，「自分に果たしてやれるのだろうか」というのがスタッフの大きな不安の1つでしょう。日頃から社会生活技能訓練（Social Skills Training：SST），デイケアプログラム，作業療法（occupational therapy：OT）活動，心理教育などで集団療法にかかわっている方でも，ときどき「集団CBTのことはわからないから」と不安に思うことがあるようです。集団CBTにおいて他の集団療法で積み重ねた経験は非常に役に立ちます。

　集団CBTのスキルを高めるための方法は，以下の2つに分けられるでしょう。

　①CBTについての理解を深めること。
　②集団を運営するためのノウハウを学ぶこと。

　この両方が車の両輪のようになっていて，どちらもなくてはならないものです。

　①の「CBTについて理解を深める」には，さまざまな方法があります。書籍やワークショップがたくさんありますので，代表的なものをいくつかご紹介します。また，できればCBTの経験のあるスーパーヴァイザーを探して指導を受けることも大切です。

◇書籍
- ○『認知療法全技法ガイド』ロバート・L・リーヒイ著，伊藤絵美，佐藤美奈子訳，星和書店，2006．
- ○『認知療法実践ガイド：基礎から応用まで―ジュディス・ベックの認知療法テキスト―』ジュディス・S・ベック著，伊藤絵美，神村栄一，藤澤大介訳，星和書店，2004．
- ○『認知行動療法を始める人のために』デボラ・ロス・レドリー，ブライアン・P・マルクス，リチャード・G・ハイムバーグ著，井上和臣監

訳，黒澤麻美訳，星和書店，2007.
- 『認知行動療法における事例定式化と治療デザインの作成―問題解決アプローチ―』アーサー・M・ネズ，クリスティン・M・ネズ，エリザベス・M・ロンバルド著，伊藤絵美監訳，星和書店，2008.
- 『認知療法・認知行動療法カウンセリング 初級ワークショップ』伊藤絵美著，星和書店，2005.
- DVD『認知療法・認知行動療法カウンセリング 初級ワークショップ』伊藤絵美著，星和書店，2005.
- 『うつと不安の認知療法練習帳』デニス・グリーンバーガー，クリスティン・A・パデスキー著，大野裕監訳，岩坂彰訳，創元社，2001.
- 『認知行動療法100のポイント』マイケル・ニーナン，ウィンディ・ドライデン著，石垣琢磨，丹野義彦監訳，東京駒場CBT研究会訳，金剛出版，2010.
- 『臨床行動分析のABC』ユーナス・ランメロ，ニコラス・トールネケ著，松見淳子監修，武藤崇，米山直樹監訳，日本評論社，2009.

◇ワークショップ
- 日本認知療法学会ワークショップ
- 東京認知行動療法アカデミー

②の「集団を運営するためのノウハウ」については，既存の代表的な研修であれば，
- 心理教育に関する研修
- SST研修

などが役に立つでしょう。授業や講演などの経験も，参加者の反応に応じて情報提供のあり方を変えたり，的確な指示を与えたりするといった点で，よい経験となるでしょう。

①と②を融合させて集団CBTの研修が受けられる機会は，実はわが国では非常に少ないのが現状です。2009年の日本認知療法学会にて初めての

「うつ病の集団CBTのワークショップ」が開かれ大盛況でした。同年，集団CBT研究会が結成され，そこでも初級研修が行われています。徐々にこのような機会が増える傾向にあります。

　集団CBT研修会としては，以下のようなものがあります。
◇国内
　　○日本認知療法学会（年に1度秋開催）
　　○集団認知行動療法研究会主催研修会
　　○横浜心理相談センターによる認知行動療法セミナー
　　○オフィスインテグラル株式会社による集団認知行動療法セミナー
◇国外
　　○デビッド・D・バーンズのワークショップ（詳細は下記に問い合わせてください）
　　　David D. Burns, M.D., and Bruce Zahn, M.A.
　　　c/o Presbyterian Medical Center of Philadelphia 39th and Market Streets, Philadelphia, PA 19194

2．時間の確保

　「集団CBTをしたいけれど時間が足りない……」
　これは最も切実な声ではないでしょうか。相談機関の多くでは時間的余裕はなく，通常の相談業務だけで精一杯というのが実情かもしれません。例えば，集団CBTを週に1回60分，1クール8回で行ったとしましょう。その場合，前後の準備や記録，スタッフ間の打ち合わせで，1週間あたり120分ほどの確保が必要です。さらには，1クールのはじめに参加者募集やプレセッション，終わりには必要に応じてアンケートや評価を行ったりするかもしれません。それらを合わせると，少なくとも120分×10週＝20時間を確保しなければなりません。こんな計算をしただけでも，無理だとあきらめてしまいがちです。しかし，まだ考えてみる余地はありそうです。
　例えば，1クール8回のところを短縮して4回セッションにしてみるのも1つの手です。また，1クールが終わって，次のクールまでのお休み期間

を増やして（つまり実施頻度を抑える），通常業務に時間を割けるようにしておくのもよいでしょう。また，集団CBTにまつわる準備やプレセッション，セッション，事後評価などを複数のスタッフで分担したりローテーションを組むことで，1人が負担する時間は減るでしょう。

また，日頃の相談業務のうち，集団CBTにおきかえられる業務があるかもしれません。例えば，あなたが個別面接も担当している参加者については，集団CBT実施期間内には個別面接をお休みするといった具合です。

その他にもきっといろいろな工夫ができるでしょう。最初から完璧に1人でしようとせずに，人の手を借りながらできる範囲で少しずつ始めてみてはいかがでしょうか。

3．スタッフの心構え

集団CBTを行うときのスタッフの心構えを，次のようにまとめてみました。

(1) 参加者が平等であるように

集団の治療場面では，個別面接と違って，参加者は自分のためだけに時間が使えるわけではありません。個別面接では基本的に限られた時間はすべて自分の問題解決のために費やすことができます。しかし集団場面ではいつもそうとは限りません。あるときは他の参加者の課題に協力したり，あるときはもう少し自分の話がしたいけれど時間の制約上我慢したり……など。治療の場であると同時に小さな社会のようにもなっているのです。これは人間が3人以上集まれば必ず発生することでしょう。

大切なのは，グループ内の誰か特定の人ばかりに負担や我慢が偏らないことです。参加者全員の負担と利益が公平になるように，スタッフは配慮します。参加者は，平等に扱われているかどうかに非常に敏感です。「先週はAさんの課題について皆さんで考えましたから，今週はBさんの課題について進めていきましょうか」といった具合に，"主役になれる日"を順に回していくのもよい方法でしょう。また，この原則を参加者全員と共有しておくと，参加者にも「平等なグループだな」という安全感が芽生え

たり，もし今日我慢しなければならないことがあってもそれがずっと続くわけではなく，不平等なわけではないのだと思えたりします。

(2) スタッフ自身の自己分析の必要性

　スタッフ自身の認知面や行動面における傾向について，自己分析しておくことが大切です。そしてある程度の心身の健康を保つことができるよう心がけましょう。というのも，自分の認知や行動の傾向と似た参加者のワークを手伝うときに，その参加者の傾向について正しく認識できない可能性があるからです。

　例えば，完璧主義のスタッフは，完璧主義の参加者の主義主張について「まさに正しい。考え方の歪みなどどこにもない」と判断しがちです。すると，参加者と共に落とし穴に入り込んでしまい，ワークが進まなくなるかもしれません。そのスタッフが仮にアドバイスとして，「『……すべき』と思わずに『……したほうがいい』と考えるのはいかがでしょうか」などと発言しても説得力がないので，きっと参加者には伝わらないでしょう。人間は相手の発言の内容よりも声の調子や表情といった非言語的なものに対して敏感なものです。ですから，スタッフの自己一致していない発言は，参加者の心にはなかなか届かないのです。誰でも，賢そうで勉強のしすぎで目の下にくまを作った人から，「たくさん寝なさい。勉強なんてしなくても大丈夫よ」などと言われても，心は動かないはずです。

(3) バランスよく父性と母性を発揮する

　相談業務にあたることを職業として選んだ人の多くは，「困っている人を助けたい」「気持ちを受け止めてあげたい」「優しく接したい」といった母性にも似た気持ちから，今の仕事をめざしたのではないでしょうか。集団CBTに限らず，こうした心は何より大切な治療要素といえるでしょう。一方で，多くの参加者が集まる場面においては，父性を発揮することも必要です。(1)で述べたように，セッションの時間をすべて自分の問題解決のために使うことのできる個別面接とは違い，他の参加者とのかかわりの中で譲ったり我慢したりすることも必要となります。すべての参加者が集団

において積極的に発言したり，他の参加者に譲ったりできると非常に安全で治療促進的なグループになるでしょう。しかし，実際はそうはいきません。「今日はどうしてもこのワークに取り組むのではなく思い切りスタッフに甘えたい」「自分の持ち時間は過ぎたけれど，どうしてもまだ話がしたい」「どうしてもあの参加者には腹が立つので，何か言ってやりたい！」など，参加者の声はさまざまです。

　このようなときには，スタッフには父性的な役割も必要です。プライベートな人間関係では傍観者的に振る舞っても流されても自由ですが，治療の場は通常の人間関係の場とは違います。専門家として，その場の安全を保障しなければなりません。毅然とした態度で，しかしおだやかにルールを守るよう参加者に言います。厳しく言う必要はありません。共感しながらも，はっきりと今はしてはいけないことを伝えます。もし集団CBTの最初に参加のルールとして「みんなが同じくらいの負担と利益を」と約束していたのであれば，その原則に立ち返るようお願いすることができます。

　場面に応じて，バランスよく母性と父性を発揮しながら，安全で治療的な場に保てるよう努力しましょう。

(4) ケアの提供者であることを自覚する

　ある参加者とまだ出会って2回目なのに，心の深いところまで聞いてしまってもよいものか，指摘してもよいものかという戸惑いを感じたことはありませんか。多くの場合回数の限定されたかかわりとなる集団CBTでは，こちらが戸惑っている間に治療期間が終わってしまうということもあり得ます。

　そうならないために，最初に参加者に「通常の人間関係では，もう少し時間をかけてゆっくりと関係を築いて，それで初めて悩みを自然に打ち明けられるものだと思います。ただ，ここは治療の場ですから，ほぼ初対面のうちから比較的内面的な質問をさせていただくかもしれません。ですから，○○さんも，通常の人間関係のように遠慮なさったり，こんなことを話したら重いだろうかなんて思ったりなさらずに，ここでは率直にご自分のことをおっしゃってくださいね」といった話をしてみてはいかがでしょ

うか。

　もちろん，参加者によってはこのような治療関係のもち方を割り切れず，スタッフからの支援はあまりもらえなくてもよいし性急な効果も期待しないので，自然に接してほしいと願う人も少なくないでしょう。参加者の反応を見ながら，参加者が何を求めているか，何が必要かを見極めた上で，介入の仕方を変えなければならないでしょう。少なくとも，参加者の側に覚悟ができて治療を求めているのに，スタッフが遠慮してしまって治療者になりきれていないという事態だけは避けなければなりません。

文献（第3章）

1) バーンズ, D. D.（野村総一郎，中島美鈴 監訳，林建郎 翻訳）：もういちど自分らしさに出会うための10日間 リーダーズマニュアル―自尊感情をとりもどすためのプログラム．星和書店，東京，2009．
2) バーンズ, D. D.（野村総一郎，中島美鈴 監訳，林建郎 翻訳）：もういちど自分らしさに出会うための10日間―自尊感情をとりもどすためのプログラム．星和書店，東京，2009．
3) ファルーン，鹿島晴雄 監修，水野雅文，村上雅昭 編著，慶應義塾大学医学部精神神経科総合社会復帰研究班 著：精神科リハビリテーション・ワークブック．中央法規，東京，2000．
4) 濱田馨史，白沢美有起，時崎トヨ子，本合あずま，村上良子：相模ヶ丘病院デイ・ケアにおける集団問題解決療法の試み．SST普及協会第11回学術集会発表論文集，2006．
5) 石垣琢麿：2004 丹沢病院における集認知行動療法の試み―その目的と研究プロトコル―．未公刊．
6) 中島美鈴：私らしさよ，こんにちは―5日間の新しい集団認知行動療法ワークブック．星和書店，2009．
7) 中島美鈴：DVD版 私らしさよ，こんにちは―5日間の新しい集団認知療法ワークブック．星和書店，2009．
8) 岡田佳詠，田島美幸，中村聡美：さあ！はじめよう うつ病の集団認知行動療法．医学映像教育センター，東京，2008．
9) 大野裕：こころが晴れるノート うつと不安の認知療法自習帳．創元社，東京，2003．

第4章
集団認知行動療法のプログラム内容

> この章では，はじめにさまざまな技法やスタッフの役割について述べます。
> そして，実際に集団CBTを行っている施設の実践例を紹介し，より具体的なイメージをもっていただきたいと思います。

第1節 どの技法を用いるか

1. 技法を用いる際の心構え

　個人の認知や行動を扱う際にはさまざまな技法を用います。その技法を大きく2つに分けると，①問題状況を整理し，問題にかかわる認知的および行動的な介入ターゲットを同定し，事例定式化をして介入計画を立てるまでのアセスメントの技法，②介入計画に基づいてさまざまな角度から介入ターゲットにアプローチするために必要な認知的技法および行動的技法，があります。

　技法の使用は参加者の臨床的問題に直接かかわる重要な行為であるため，スタッフの嗜好や主観で技法を選択したり，個人的な臨床経験のみに基づいて技法を使用したりするように，その意思決定のプロセスがヒューリスティックになりすぎないことが重要です。そのためには，十分にアセスメントした上で適切な治療計画を立てる必要があります。世間的には認知再構成法に代表されるような変容のための技法が強調されがちですが，変容のための技法は適切なアセスメントがなければ効果を十分に発揮できず，場合によっては治療を失敗させる結果にもなりかねません。すなわち，どのような技法を用いる場合においても，問題解決志向の姿勢で技法を使用することを理解する必要があります。

2. アセスメントの技法

　アセスメントの技法は次のようなプロセスで行われます。

(1) 問題リストを作成する

　まず参加者の問題状況を整理するために問題リストの作成をします。参加者が実際に困っていることを具体的に書き出す作業ですが，ここから混沌とした参加者の問題状況に秩序を与え，解決策を実行するために必要不可欠な海図を作成するプロセスが始まります。次に，書き出された問題リストの内容を詳しく精査して，問題状況でどのような要素が関連し合い，

どのようなプロセスを経て問題化しているのかを明確にします。この作業は主に2つの視点から行われます。

1つは認知行動理論に基づく視点です。これは，参加者の状態を「状況」「認知」「行動」「感情」「身体」といった要素に分けて整理し，それぞれの要素間の関連を調べ上げます。そして歪んだ認知や問題行動が，どのように感情や身体に影響を与え，どのように臨床的問題に発展しているのかに関する作業仮説を立てます。例えば，抑うつ気分が強く会社を休みがちな男性をアセスメントすると，「仕事で上司に指摘された」という状況があり，「自分はなんてダメなやつなんだ」という思考が生じ，「落ち込み」という感情と「体が重くなる」という身体反応が生じ，「会社に出勤しない」という行動となって，再び自己評価を下げる思考が生じるといった悪循環の作業仮説を立てることができるかもしれません。

2つめの視点は，機能分析によるアセスメントです。これは，問題状況を「先行事象」「先行事象に対する行動」「それによってもたらされる結果」という3つの要素に分けます。ここでいう行動には，思考，行為，感情といった要素が含まれ，認知行動理論における行動の内容よりも広義です。さらに問題状況の3つの要素の他に行動を生じさせる動因を仮定します。このような要素に分けた上で，行動がもっている機能を明らかにします。例えば，職場で同僚とのトラブルが絶えない女性がいるとします。この女性は「職場で同僚と仕事の打ち合わせをする」という先行事象に対し，「相手と言い合いをする」という行動で反応することで「同僚に負けない感覚がする」といった結果を得られているため，トラブルを起こす問題行動が維持されているのかもしれません。そして，「評価的な職場で自己主張の少なさが評価を下げるという危険性を回避したい」といった動因が潜んでいるといった作業仮説を立てることができるかもしれません。

アセスメントにおける代表的な2つの視点を紹介しましたが，このように複数の視点でアセスメントすることは重要です。1つの方法のみですべての問題に対応することは不可能だからです。アセスメントのみならず，変容のための技法を適用する際にも同じことがいえます。

(2) 介入計画を立てる

　次に認知行動理論や機能分析の視点から得られた情報をもとに介入計画を立てます。このとき，何を介入ターゲットにするのか，何を治療目標とするのか，そのためにどの技法を用いるのか，といった意思決定をします。この複雑な意思決定のプロセスを適切に実行するために問題解決モデルを用いることが有用です。問題解決モデルを用いると，参加者が抱える問題を定義し，その問題とかかわっている要素を同定し，介入のターゲットと介入方法を選択して介入目標を設定するという一連の作業工程がかなり明確になります。ここでのポイントは，問題状況や治療目標を，**S**pecific（具体的），**M**easurable（測定可能），**A**chievable（達成可能），**R**esult-oriented（結果重視），**T**ime-bound（期限付き）という基準で「S. M. A. R. T」に定義すること，介入ターゲットと介入方法の選択が問題状況や介入目標にどのような変化をもたらすのかを検討することです。こうした作業により，事例定式化をより解決可能な形式で進めることができ，ヒューリスティックな進め方によるリスクを最小限にしながら，問題を扱う際の複雑な意思決定が容易になるでしょう。

(3) アセスメントの過程で必要な技法

　こうした一連のアセスメントの過程で必要とされる技法に，質問による対話と認知行動モデルの心理教育があります。質問による対話とは，スタッフが参加者に対して「そのとき頭に浮かんでいたことは？」「そのとき何をしたのか？」「それはどういうことなのか？」といったオープンな質問からクローズドな質問までをさまざまに投げかけ，参加者の中にある情報を引き出していく作業です。情報量が多いほど正確なアセスメントを行いやすいというだけではなく，スタッフと参加者の協同関係を形成する上でも重要です。質問はスタッフが参加者の問題に関心をもっていることを相手に伝える効果があるからです。さらに，質問の中でも，「それはどういうことを意味するのか？」という質問形式，すなわちソクラテス的質問は参加者に気づきをもたらすことができ，変容のための技法としても使用することができます。質問による対話をしながらアセスメントをし，ソ

クラテス的質問によって自らの問題を発見できるように導くことは，参加者が自らの治療者となるための重要なエッセンスです。そのため，スタッフが問題に対する洞察や指示といった欲求を抑えて，参加者に対して適切な質問の姿勢を維持することは，集団CBTをより効果的にするでしょう。

また，心理教育では，「認知の内容によってある感情が生じる」という認知的内容特異性仮説を基本としながら，各疾患に応じた認知行動モデルを参加者に提示し，問題状況を具体的かつ効率的に整理します。心理教育によって，参加者は自らの抱える混沌とした問題を整理するための手がかりを得ることができます。

3. 解決策としての認知的技法および行動的技法

(1) 技法を選択するときの姿勢

アセスメントによって事例定式化をすることができれば，介入計画を実行する段階に進みます。解決のための技法には，認知的技法および行動的技法があります。これは事例定式化によって明確になった介入ターゲットにアプローチする方法です。この段階では，まずは実証に裏づけされた技法を選択することが優先されます。どの技法を用いるかは，スタッフの好みや経験の影響を受けやすいものですが，ここで心に留めておくべきことは，スタッフはできる限り科学的に裏づけのある技法を提供する社会的責任を負っていることです。参加者の問題にアプローチする際には，なぜその技法を用いるのかを答えることができるように，スタッフ自身が自らに問う姿勢をもつことが大切です。実証されている代表的な技法には，認知的技法では，認知再構成法や問題解決技法，行動的技法では曝露法（エクスポージャー）[注1]や行動実験，SST，系統的脱感作法[注2]などがあります。

注1）曝露法：不安や恐怖を引き起こしている状況や刺激に直面させ，不安や恐怖，あるいは回避行動が生じなくなるまでその状況にとどまらせ，馴化させる技法。
注2）系統的脱感作法：あらかじめ自律訓練法などのリラクセーションスキルを身につけたあと，不安・恐怖の対象となる刺激について，段階的に呈示し不安を喚起しつつ，同時にリラクセーションを行わせることで，不安反応とリラクセーション反応を拮抗させ不安の軽減を図る技法。

(2) 技法を効果的に用いるための姿勢

　介入技法を実行する際には，技法を用いるスタッフの姿勢が重要です。なぜなら，例えば参加者にとってセルフコントロールのためのよいモデルとなるからです。そこでスタッフは次のことを理解しておくとよいでしょう。それは，CBTでは，科学的や合理的という視点で思考や行動を検討しますが，その目的は完全な論理法則や唯一の真実を追い求めることではありません。むしろ，その思考が参加者にとってどのような意味をもつのかを確認し，参加者のためになる手当てを施す姿勢が大切です。例えば，「飛行機の中では逃げられないので苦しい」と参加者が訴えたとき，飛行機という空間がいかなるものであるのかを合理的に検証しても，あまり効果は見られないでしょう。むしろ，参加者にとって閉じ込められた空間がどのような意味をもつのか，閉じ込められると何が起こると予測しているのかを質問し，参加者にとって適応的な考えを探すほうがよいでしょう。そういった点で，CBTは参加者の認知や行動を科学的・合理的に話し合いますが，検証のポイントは，その考えは自分のためになるのか，確信できる考えが他にないのかなど，むしろ参加者の経験的側面が強調されます。こうした背景を理解しておくことは，さまざまな技法を効果的に使用するうえで必要でしょう。

4. 集団CBTの介入ターゲットに応じた技法のセット

(1) 集団CBTでの介入方法への配慮

　集団CBTでは，一度に複数名に対してアプローチをするため，個人CBTよりも時間的・回数的制約が大きくなります。このため，本来であれば参加者の問題に応じて介入方法をカスタマイズすることが望ましいのですが，集団では難しくなります。しかし，集団CBTでは，グループの目的や対象者，介入ターゲットや適用する認知的および行動的技法などを事前に設定しておくことで介入方法のカスタマイズに関する制約を補っていきます。こうした事前の設定は，グループセッションの効率化や集団機能の特性を引き出すことにも役立つでしょう。例えば，認知再構成法を用いているときには，他の参加者からの反証を利用することや，他の参加者

の自動思考が別の参加者の自動思考への洞察を促すこと，集団による受容によって参加者の感情的負荷が緩和し否定的認知を変容しやすくなること，ブレインストーミングをグループセッション内で実行しやすいことなどがあげられます。ただ，集団の機能を利用する場合は，集団が各参加者に悪影響を与えないように，スタッフが集団の状態を注意深く観察することが必要です。これについては，個人の問題に焦点化するという集団CBTの基本構造をグループセッションで明確にし，参加者が取り組む作業をあらかじめ具体的に設定しておくことで，この問題のハードルを低くすることができるでしょう。

(2) 主な疾患ごとの問題点と必要とされる技法

　主な疾患ごとの問題点と必要とされる技法をいくつか紹介します。もちろん，次にあげる問題点や技法が集団CBTのすべてというわけではありませんが，精神疾患や心理的問題にアプローチする際には，あらかじめ最低限の技法の概要を知っておくことは必要です。

　　a. うつ病
　うつ病の問題として，ある出来事に対して個人が考えた内容によって気分と行動が規定されるという認知的内容特異性仮説に示されるとおりに，否定的感情を生じさせる非機能的な自動思考があります。例えば，自己と世界と未来に対する悲観的思考はうつ病の認知の三特徴と指摘されています。さらに，「なぜなのか」「これはどうしてなのだろう」と答えの出ない問いを繰り返し考えることで，抑うつ気分を維持・重症化させる抑うつ的反芻（はんすう）があります。また，自らの抱える問題を具体的に解決するための問題解決能力の低下や，否定的思考に意識が向き気分が落ち込みやすい自己注目の状態を景色や音などの外的要素に意識を向ける外的注目の状態に切りかえるためのセルフコントロールスキルが少ないこと，意欲低下に伴い自発的行動が減少すること，自分にとってよい対人関係を維持するための社会的スキルが低いことなどの問題があります。そのため，思考の歪みを修正することや考え込みを軽減すること，適切な問題解決の手順を踏めるよ

うになること，行動に対する随伴性をコントロールして自発的行動を増加させること，コミュニケーションスキルを高めることなどが目標となってきます。このため，認知再構成法や問題解決技法，気晴らし法[注1]，行動活性化，SSTといった設定が必要となるでしょう。

b. 全般性不安障害

全般性不安障害では，心配といった「もしも」形式の思考が連鎖することや，「何かが起こる前にあらかじめ"もしも"の事態を考えておかなければならない」などのような心配を必要以上に肯定的にとらえる不適応なメタ認知的信念[注2]，心配のない状態に安心できないこと，心配のために具体的な問題解決行動が阻害されること，不安を喚起させる社会的場面に対する回避行動などが問題となります。そのため，認知再構成法や問題解決療法の他，段階的に低いレベルから不安に自分の身をさらし不安に対する慣れを形成させる曝露法，不安が生じる場面で特定の行動がもたらす結果を実験的に確認して，不安に対する耐性と適切な行動を身につける行動実験，自分の習得したい考え方や行動習慣を，自分で自分に声を出して説得的に言い聞かせる自己教示訓練などの技法が必要でしょう。

c. パニック障害

パニック障害では，急に動悸が高まり呼吸が荒くなるなどの生理的喚起に対して「このままでは死んでしまう」「きっと大変な病気に違いない」「もうどうしようもない」といったように破局的解釈をすることが問題となります。また，繰り返し生じる生理的喚起そのものやパニックからの回

注1) 気晴らし法：うつ病患者では，気分や気分に関する思考など自分の内的側面に注意が集中しやすく，その結果，周囲のポジティブな出来事など外的側面に注意が向きにくいなど，認知資源の振り分けがアンバランスになることもある。このバランスを整えるための介入。
注2) メタ認知的信念：自らの思考そのものを評価し，制御する認知のことをメタ認知とよび，①メタ認知的知識，②メタ認知的方略，③メタ認知的経験，に区別される。メタ認知的信念は，メタ認知的知識に分類され，ある思考内容や思考方法が有効，もしくは有害であるといったように，個人が自らの思考に関して保持している安定的な知識のことをいう。

避行動によって，日常的に高い不安が維持されることも問題です。そのために，破局的解釈を緩和するための認知再構成法，生理的喚起に過度な注意が固定化されることを防ぐための注意変換トレーニング，生理的喚起を軽減するためのリラクセーション，回避行動やパニック発作への不安を軽減するための曝露法，行動実験，自己教示訓練などの技法が必要となるでしょう。

d. 強迫性障害

　強迫性障害では，侵入思考に対するネガティブな評価が問題となる他，確認行為や手洗い行為など侵入思考や不安を一時的に軽減するために特定の行為を繰り返し実行する顕在的な中和行為，および思考抑制や心の中で何かを唱えるような，侵入思考や不安を一時的に軽減するために行われる第三者から見えない潜在的な中和行為が問題です。そのため，ネガティブな評価を修正するための認知再構成法や，中和行為を中断させることで不安への慣れを促進させる曝露法，侵入思考や不安が生じても，それに自分をさらしながら課題となる行動を実行することで侵入思考や不安の影響力を低減させる曝露行動実験などの技法が必要となるでしょう。

e. パーソナリティ障害

　パーソナリティ障害では，治療に対する動機づけやアドヒアランスが低く，治療構造の維持そのものが困難であること，自殺関連行動などに見られるように衝動性が高いこと，抑うつ気分や不安などに対する耐性が低いこと，出来事や対人関係を極端で不正確に認知すること，問題解決スキルや対人関係スキルが低いことなどが問題としてあげられます。そのために，疾患や自己コントロールスキルに関する心理教育や極端な認知を修正するための認知再構成法，ストレスイベントに適切に対処するための問題解決技法，自殺関連行動に関する危機管理，参加者にとってサポートとなるような適切な対人関係を形成・維持するために必要な対人行動を学習するためのSSTなどが必要となるでしょう。

　また，新世代の認知行動療法（第3世代の行動療法）と呼ばれるアプ

ローチがあります。代表的な技法を簡単に紹介すると，弁証法的行動療法（DBT）では，パーソナリティの問題を感情・認知・行動・自己・対人関係の機能不全に分類し，それぞれの問題へのアプローチを実践します。主な技法は，①非機能的思考に気づきながらも，それから距離をおき，思考することにこだわらない状態を作り出す「マインドフルネスのスキル（mindfulness skills）」，②対人場面で周囲を問題に巻き込む行動を防ぎ，対人関係を保ち，自尊心を守るための行動を学習する「対人関係のスキル（interpersonal effectiveness skills）」，③ストレスフルな出来事に対して逸脱行動で対処するのではなく，それをあるがままに受け入れることで苦痛を低減させようとする「苦悩の受容スキル（distress tolerance skills）」，④怒りや苛立ちといった感情が生じたときに気を逸らしたり，別のより適切な行動に集中したりすることで感情をコントロールする「感情統制のスキル（emotion regulation skills）」といった4つの柱となるスキルで構成されています。これを個人療法や集団療法，電話相談などの多面的な介入に組み込むことで参加者をサポートし，ストレス耐性を高め自己安定感をもてるように参加者を導きます。アクセプタンス＆コミットメント・セラピー（ACT（アクト））では，自らの感情，思考，身体感覚など，まさに今ここで体験していることを考えたり解釈したり評価したりせずに，ただありのままの体験を受け入れながら（acceptance），自らの価値にかなった方向で思考し行動し選択する（commitment）という作業を繰り返し練習します。それによって，問題となる認知に束縛されずに，心理的柔軟性をもって価値に根ざした生活を送ることをめざします。

　f. 統合失調症

　統合失調症では，陰性症状や長期入院による社会的スキルの減少，認知機能の低下による問題解決能力および自己管理能力の欠如，幻覚や妄想などの陽性症状が問題となるでしょう。そのため，社会適応能力を高めるためのSSTや問題解決技法，参加者が適切な行動をしたときにシールやスタンプなど代用貨幣（token）と呼ばれる強化子を与えて，それがある量に達したときにクライエントが欲しがっている物品や活動と交換させるこ

とで問題行動の変容を促すトークン・エコノミー法，幻覚妄想に対する心理教育や認知再構成法などの技法が必要となるでしょう。また，統合失調症の参加者に対しては，体調や症状，認知機能のレベルなどに応じて，集団CBTの構造度や課題の難易度を調整し，ゆとりをもってわかりやすく，集団ストレスの軽い状態で技法を展開することが望ましいでしょう。

(3) 集団CBTの目的に応じた技法を設定する

　集団CBTでは，その集団の目的に応じてどの技法を利用するのかを考慮することが大切です。例えば，うつ病休職者の復職支援であれば，一般的に職場のストレスに対処し体調を維持するスキルを高めることが目的となるため，認知再構成法やSST，復職時の不安や回避行動に対する曝露法などが必要でしょう。社会復帰をめざすグループでは，就職面接や就労場面で必要とされる定型的なコミュニケーションスキルを身につけるためのSST，生活リズムを整えるための行動計画，生活全般にわたる問題に対応するための問題解決技法が必要となるでしょう。教育現場では，集団適応を向上させるためのSST，登校への不安を緩和させるための認知再構成法や曝露法，勉強や集団活動への動機づけを高めるための正の強化，授業時間内に落ち着いていられるようにするための行動実験などの技法が優先されるでしょう。

　もちろん集団CBTのセッション内で，これらの認知的技法や行動的技法をすべて実施することは難しいものです。しかし，介入目標に応じて必要とされる最低限の技法をバランスよく設定しておくことが必要です。例えば，対人関係上の問題に悩むうつ病の参加者であれば認知再構成法をベースにしながらSSTを組み合わせることや，パニック障害の参加者には曝露法と生理的喚起に対するネガティブな評価を緩和するための認知再構成法を用いること，陰性症状が前面にあり症状が安定している統合失調症の参加者には日常生活の質を改善するために問題解決技法と適切な対人スキルを学習するためのSSTを組み合わせることなどです。

　非機能的思考に気づきながらも，それから距離をおくことで，問題となる認知の束縛から解放される状態を作り出すマインドフルネスや弁証法的

行動療法，ACTなどの第3世代の行動療法といわれる技法も含めると，ここにあげた技法はごく一部のものといえます。本書に掲載した技法以外にも有効な技法はあるでしょうし，今後多くの技法が開発されるでしょう。集団CBTでは，幅広く展開されるCBTの技法をよく吟味した上で，参加者の症状や目的に応じて適切な技法をあらかじめ設定しておくようにしましょう。

第2節　リーダーとコリーダーの役割

　ここでは，リーダーとコリーダーの役割について解説します。
　集団CBTを行っていると，多くのスタッフが「私は緊張するからリーダーの役割をすることができません」と言います。しかし，これは先入観です。筆者は「コリーダーこそ重要な役割を担っている」と思っています。なぜなら，コリーダーというのは，リーダーの意図を読み取り，歩調を合わせて協力するだけでなく，参加者の様子やセッションの流れを見ながらリーダーに伝えたり調整したりする役割だからです。リーダーとコリーダーが漫才コンビだとすれば，先にボケてつかみをとるのがリーダー，観客のリアクションを見ながら的確に突っ込みを入れたり説明を加えたりして軌道調整するのがコリーダーなのです。
　リーダーとコリーダーは，セッション前後のスタッフミーティングの時間だけではなく，セッションの真っ最中にもたびたび意見を交換しながらセッションを進行します。例えば，リーダーが緊張していて声が小さく，離れた場所に座っていた参加者に聞こえていない場合，コリーダーは「リーダー，すみません，ここまで声が聞こえづらいみたいですよ」とリーダーに教えます。リーダーは「ごめんなさいね。緊張していて声が小さくなっていたみたいですね。もう一度言い直しますよ」とにこやかに笑って言い直すことができます。もしこのケースのようにセッションの最中に声かけをせず，グループ終了後のスタッフミーティングでコリーダーが「あ

のときはあなたの声が小さくて聞こえなかったわよ」とリーダーに打ち明けたら，リーダーは「どうしてその場で言ってくれなかったのだろう。今言われてもどうしようもないじゃないか」と心の隅でショックを受けるかもしれません。こうした事態を避けるためにも，スタッフ同士がなるべくリラックスして，間違ったところがあったらその場その場で教え合おうという気持ちで臨めば，たいていのことはうまくいきます。

　例えば，このような場合はどうでしょうか。セッションの中でリーダーがあるCBT技法について説明したとします。参加者の1人が首をかしげながら聞いています。そして隣に座っていたコリーダーに「リーダーの話は難しくてよくわからない。説明の仕方が悪い」とコソコソ耳打ちをしたとしましょう。そしてまわりの参加者は，2人のコソコソ話が気になっていたとします。このような場合には，コリーダーは参加者の声をリーダーに届ける役割を担うことになります。いろいろ方法はありますが，例えばこのように振る舞ってみてはいかがでしょうか。コリーダーがリーダーに参加者の1人のように手をあげて発言します。「今リーダーが説明した認知行動療法の話がちょっと難しくって……。もう一度説明してもらえませんか」。コリーダーが理解できないということは通常あり得ないのですが，参加者の側の代弁者のように振る舞います。参加者の多くは，セッションで恥をかきたくない，クレームを言いにくいと思っているようです。「今の説明が理解できなかった人はいませんか」などと参加者に尋ねて緊張感を強めてしまうよりは，よい方法といえます。このように，時にはコリーダーが，参加者の中にうっすらと芽生えた疑問点や不快感を察知して，あえて早めに言語化することで，セッションは膿を溜めることなく安全に進行するのです。リーダーはこうしたコリーダーの動きに感謝しながら，自分1人で完璧にやろうとせず，「ありがとう，教えてくれて」という気持ちで対応します。もちろんコリーダーのミスにリーダーが気づいた場合も同じことです。以下に，オーソドックスなコリーダーの動きを箇条書きにします。

> ○セッションの進行が早すぎて追いつけない参加者がいるときにリーダーに知らせる。
> ○ウォーミングアップでは，他の参加者の緊張を解きほぐすように少しテンションを上げて臨む。
> ○認知再構成法では，既出の思考や行動とは別の角度からの意見を言ってバリエーションを増やす。
> ○参加者の理解できない様子や納得がいかない様子をリーダーに伝える。
> ○板書
> ○個別のフォロー

第3節 集団CBTのプログラム実践例

　次は関東集団認知行動療法研究会のメンバーによる集団CBTの実践例です。それぞれの臨床現場でどのような取り組みがなされているのか，どのような工夫がなされているかを知り，プログラム作成の参考にしてください。ここでは，対象となる参加者の疾患別に実践例をご紹介します。

1．うつ病・復職支援

実践例①　うつの復職支援プログラム（報告者：高梨利恵子）

> 実践機関：爽風会 心の風クリニック
> 住所：千葉県船橋市千葉県船橋市本町1-26-2 船橋SFビル3F
> 連絡先：Tel 047-422-1750
> 施設概要：精神科 復職支援デイケア
> スタッフ構成：臨床心理士1名　看護師1名
> 構造：1回120分（途中休憩あり），デイケアプログラムとして実施。

○前半：ホームワーク発表（レクチャーで習ったスキルを日常生活に応用する課題を提出してもらって，参加者全員で検討する）
○後半：レクチャー（7〜8セッションで1クール）（リーダーとメンバーによるレクチャー）
治療要素：認知再構成法，アサーショントレーニング（自己主張訓練），問題解決技法

■プログラムの対象：復職支援デイケア参加者（以下は，その対象者）
　○うつ状態で休職中の方
　○回復期にあり，生活リズムはほぼ整いつつあるものの，復職に向けてのケアが必要な方
　○通院先の主治医の許可がある方
　○週3回以上のデイケア参加が可能な方

■プログラムの目的：うつ症状の改善，およびうつ症状の再燃予防を目的として，次の3つのスキルの習得をめざす。
　○認知の歪みを修正
　○コミュニケーション
　○問題解決スキル

■プログラム内容
　レクチャーは『さあ！はじめよう　うつ病の集団認知行動療法』[12]を参考に構成しました。全7〜8セッションで，認知への介入に3回，コミュニケーションへの介入に2〜3回，問題解決スキルへの介入に2回を割り当てています。
　▶第1回「認知行動療法とは？」
　　これから行うセッションを概観し，参加者の動機づけを行います。気分・行動と考え方の関係について，なるべく休職中の参加者が遭遇しやすい場面を選んでABC図式で解説をします。また，復職後に想

定される困難なコミュニケーションなどをあげてコミュニケーションスキル向上の必要性を理解してもらいます。そして各種問題解決スキルの簡単な紹介をして，これから行われるセッションへのモチベーションを上げてもらいます。

▶第2回「7コラム法の紹介」

ワークシートを用いて自分の生活の中で生じた気分と思考の関係について理解してもらいます。「コラム法」について解説を行い，陥りやすい問題点や対処法について解説します。

▶第3回「考え方のパターンを知る」

自動思考に対して「そう考えるとつらくなるのはどうしてだろう」という質問を繰り返していく「下向き矢印法」でホットな思考の探し方を示したり，「自動思考の特徴」を解説して，思考の歪みのパターンなどを紹介します。

▶第4回「アサーション①」

「体調が悪いのに残業を依頼されたとき」というような復職後に遭遇しがちな場面を提示し，どのような発言をするか考えてもらい，自分のコミュニケーションのパターンに気づいてもらいます。そしてさまざまな自己主張の方法をロールプレイで実践し，話し手，聞き手それぞれに感想をシェアします。

▶第5回「アサーション② ノンバーバルコミュニケーションについて」

ノンバーバルコミュニケーションにおける要素（視線，表情，うなずきなど）について考えてもらい，ノンバーバル表現を用いるロールプレイを行います。さらに，よい聞き方，わるい聞き方でロールプレイを行い，コミュニケーションにおける聞き手の果たす役割の大きさを理解してもらいます。そのときの参加者の状況によって「復職判定面接」などの場面を設定し，被判定者，上司，人事，産業医などによる構成のグループでロールプレイをすることもあります。

▶第6回「問題解決技法」

解決法のブレインストーミングとメリット・デメリット分析を紹介します。参加者から現在抱えている問題を提示してもらい，セッショ

ンでブレインストーミングを行います。非常にユニークな解決法が出てくることも多く，セッションは笑いの渦に包まれます。そのような笑いや自由さがさらに数多くの柔軟なアイディアを生むという，よい循環が体験されます。

▶第7回「アクションプラン」

おっくうで先延ばしにしたり，手がつけられないでいる行動に対して，実施の敷居を低くする「アクションプラン」の立て方について紹介します。

以上の流れで1クールが終了しますが，復職支援デイケア参加中は引き続き次のクールにも参加してもらうことになります。すでに1クール終わった参加者には，部分的にレクチャーを担当してもらい，知識を整理したり定着させることに役立ててもらっています。

実践例② うつ病からの復職者を対象とした再発・再休職予防のための集団CBT（報告者：今村幸太郎，鳴海孝幸）

実践機関：医療法人社団雄仁会 メディカルケア虎ノ門
住所：東京都港区虎ノ門1-2-11 交洋ビル3・7階
連絡先：Tel 03-5510-3898　http://www.medcare-tora.com/
施設概要：心療内科，精神科，神経科，復職支援専門デイケア・ナイトケア
プログラムを開始した時期：2005年5月
スタッフ構成：臨床心理士など4名（2010年1月現在）
構造：定員10名程度，全10セッション，1回約80分，金曜日19時開始
治療要素：認知再構成法，スキーマの同定，アサーショントレーニング，構造化問題解決技法
必要なもの：ネームプレート，ホワイトボード，オリジナルテキスト（ワークシート含む）
参加料金：自費

■プログラムの対象
- 当院に通院中で，主治医より適応と判断された方
- 当院の復職支援マネジメントプログラム（Re-work Assisting and Management Program in Toranomon：RAMP-T）（詳細については当院のホームページ参照）の「リワーク・カレッジ®」を修了した方
- 全10回に参加意思があり，参加可能と思われる方

■プログラムの目的
- 再発，再休職の予防のために参加者一人一人がCBTのスキルを自ら活用できるように援助する
- リワークプログラム（「リワーク・スクール[注1]」および「リワーク・カレッジ®[注2]」）を通して学んだ知識を実践できる。

■セッションの基本的な流れ
- セッションの目的と流れの確認（5分）
- セッション該当部分のテキスト内容の説明と質問受付（5分）
- 小グループ（3〜4名）でのホームワーク検討（30分）
- 全体でのケース検討（30分）
- セッションのまとめ，質問受付，次回の内容およびホームワーク確認（10分）

■プログラム内容
第1回「認知行動療法とは何か？ディスカッション」
第2回「問題解決のためのアクションプランの作成」
第3回「状況・気分・思考のつながりを知ろう」

注1）リワーク・スクール：規則的な通所を通しての生活リズムの安定，活動性の向上など，復職に向けての基礎作りを集団の中で行う。

注2）リワーク・カレッジ®：リワーク・スクールでの取り組みをベースに，デスクワーク課題での一定時間の集中力の持続，グループワークを通しての対人課題への対応，セルフケアプログラムでのセルフマネジメント力の向上などを目的に，復職後に適応するためのより高い負荷を与えて復職に向けての仕上げを行う。

第4回「バランスのよい考え方をしよう」
第5回「自分を伝え，相手の気持ちを知ろう」
第6回「アクションプランの中間チェック」
第7回「自分の自動思考記録表をつけてみよう！1」
第8回「自分の自動思考記録表をつけてみよう！2」
第9回「自分の自動思考記録表をつけてみよう！3」
第10回「全体の振り返りとアクションプランの最終チェック」

参加者はすべて当院のRAMP-Tの「リワーク・カレッジ®」の修了者（多くは復職後の人）であるため，集団CBT開始時にはすでに担当スタッフとの関係性が築かれており，参加者間の関係性もある程度形成された状態で集団CBTセッションを開始することができます。また，参加者は「リワーク・カレッジ®」においてCBTの基礎的な知識を習得しているので，それらの知識を踏まえて集団CBTセッションに臨むことができます。加えて，「リワーク・カレッジ®」のプログラムを修了しているため，参加者同士での自己開示にはあまり抵抗はありません。

当院の集団CBTではメインテーマを「復職後の諸問題の解決や再休職予防」に焦点化し，前述のような参加者の特徴を踏まえて，CBTの実践を中心にセッションを展開しています。セッション中は集団で実施することの利点を意識し，各個人のホームワークの検討においても他の参加者からさまざまな意見が出せるように，小グループ（3〜4名）ごとに行うなど，集団を活用するための工夫をしています。また，参加者に問題解決に継続的に取り組む習慣を身につけてもらうため，行動面に焦点をあてた問題解決技法のセッションを第2，6，10回と断続的に実施し，1クールの間に継続的に問題解決のフォローができるような構成にしています。

次に，第1回，第6回，第7回セッションの目的および概要を示します。
▶第1回「認知行動療法とは何か？ディスカッション」
　参加者それぞれの動機づけや全10回のセッションを通してどんなことに取り組んでいきたいかを確認し，第2回の問題解決技法のセッ

ションにつなげることが目的となります。「集団CBTを通して得ようとしているもの」「再休職の引き金になりそうだと予測される問題」「再休職予防のために今後取り組むべき課題」などについて考えてもらい，小グループにてディスカッションを行います。

▶第6回「アクションプランの中間チェック」

　　第2回で作成した問題解決シートに沿った形で，計画的に再休職予防に向けた取り組みが行えているかどうかを確認することが目的となります。各自のホームワークをもとに，小グループにて検討し，さらに1名の行動計画を取り上げて，全体で見直していきます。

▶第7回「自分の自動思考記録表をつけてみよう！1」

　　復職後に低下した気分のマネジメントや，否定的な考え方を再検討することを目的として認知再構成法を行います。あらかじめホームワークとして実施した自動思考記録表について，小グループまたは全体で記入方法を確認しながら反証などのブレインストーミングを行います。

　集団CBT開始当初は全8回のセッションで，前半が認知面への介入，後半がアサーショントレーニングや問題解決技法などを用いた行動面への介入でした。しかし，実践する中で具体的な問題解決などの行動面でのアプローチが生かされにくいといったプログラム上の問題点や参加者のニーズ

集団CBTの行われている一室

や特徴を考慮し，テキストやセッション内容の改変を重ね，現在に至っています。

一方で，「リワーク・カレッジ®」および集団CBTを修了しても再休職に至ってしまう人は少なくはなく，集団CBT修了者のフォローアップが現状での課題となっています。そこで，2009年12月から「再休職予防のためのうつの集団認知行動療法セミナー　フォローアップセッション」の実施を始めています。今後も，参加者の復職後の諸問題解決や再休職予防をめざし，集団CBTプログラムを改変，実施していく方針です。

2. 不安障害

実践例③　パニック障害に対する集団CBT

（報告者：藤目文子，白川麻子）

> 施設概要：自費診療によるカウンセリング機関（単科精神科と連携）
> スタッフ構成：臨床心理士1～2名，臨床心理士指定大学院学生1～2名
> 構造：1回150分，週1回6セッション，クローズドグループ
> 治療要素：行動分析，心理教育，自助グループ，呼吸法，認知再構成法，現実曝露法

◻ プログラムの対象
- パニック障害の診断を受けていたり，症状があったりする方（入院患者は除く。薬物療法を受けていなくても参加可能）
- 経済的な問題により継続的なカウンセリングが困難である方
- CBTを試してみたい方
- 個別カウンセリングとの併用によってより集中的なカウンセリングを行いたい方
- 同じ困難を抱える他者と一緒にがんばりたい方

◻ プログラムの目的
- パニック障害の症状維持に寄与している悪循環（認知行動モデル）を

理解すること。
○呼吸法を習得し，パニック発作の対処への自己効力感を高めること。

◼︎プログラム内容
事前個別面接「インテーク面接，行動分析」
第1回「自己紹介，パニック障害について情報提供，認知行動モデルの作成，不安の時間的変化について心理教育，不安階層表の作成」
第2回「薬物療法，過呼吸の仕組みについて心理教育，呼吸法の練習」
第3回「パニック発作のきっかけに対する破局的な考え方と現実的な考え方について心理教育，思考記録表の作成，呼吸法の練習」
第4回「曝露法の計画，呼吸法の練習」
第5回「曝露法の実施，振り返り」
第6回「曝露法の計画，呼吸法の練習，振り返り」

このプログラムは，『不安障害の認知行動療法(1) パニック障害と広場恐怖』[1]を参考に作成した外来患者および通院していない方を対象としたプログラムです。さまざまな疾患，重症度，知的水準，年齢層の方からの申し込みがあるため，プログラム開始前のインテーク面接により，①集団療法に向いているかどうか，②パニック発作時の認知・行動分析がプログラムで行う内容と合致するかどうか，の2点についての判断が重要になります。

CBTにおける技法が役に立つことはもちろんですが，グループの力を生かすことで，参加者の理解が促進し，モチベーションを高めることができます。そのため説明時には，なるべく自己紹介時に得た参加者の体験談を盛り込んだり，その場で質問によって体験談を引き出したりすることで，理解の促進と参加者同士の交流が進むよう工夫しています。モチベーションが高まることによって，多くの参加者が曝露法を実施することができています。効果としては，回避行動の減少やパニック発作への対処法についての自己効力感の向上などが見られます。

実践例 ④ 社交不安障害に対する集団CBT
（報告者：藤目文子　　実施者：白川麻子，和田剛宗，藤目文子）

> 施設概要：自費診療によるカウンセリング機関（単科精神科と連携）
> スタッフ構成：臨床心理士1〜2名，臨床心理士指定大学院学生1〜2名
> 構造：1回150分，週1回8セッション，クローズドグループ
> 治療要素：心理教育，自助グループ，注意変換トレーニング，安全確保行動実験[注]，認知再構成法，アサーショントレーニング

◻ プログラムの対象
- 社交不安障害の診断を受けていたり，症状があったりする方（入院患者は除く。薬物療法を受けていなくても参加可能）
- 経済的な問題により継続的なカウンセリングが困難である方
- CBTを試してみたい方
- 別カウンセリングとの併用によってより集中的なカウンセリングを行いたい方
- 困難を抱える他者と一緒にがんばりたい方

◻ プログラムの目的
- 社交不安障害の症状維持に寄与している悪循環（認知行動モデル）を理解すること。
- 悪循環を断ち切る方法を試し，その実践への自己効力感を高めること。

◻ プログラム内容
　事前個別面接「インテーク面接，認知行動分析」
　第1回「社交不安障害について情報提供，不安階層表の作成」
　第2回「クラークの認知行動モデルについて心理教育，各自認知行動モ

注）安全確保行動実験：安全確保行動とは，不安を軽減させるために用いる行動のことを指す。安全確保行動実験とは，この安全確保行動が適応的に機能しているかどうかを実際に試して確認することをいう。

デルの作成」
第3回「自己注目について心理教育，注意変換トレーニング，自己注目と外部注目を行動実験」
第4回「安全確保行動について心理教育，安全確保行動をとらない行動実験」
第5回「安全確保行動をとらない行動実験」
第6回「認知再構成，思考記録表を参加者同士共有」
第7回「自己主張について心理教育，アサーショントレーニング」
第8回「自己主張時の思考記録表の作成，自己主張のロールプレイ，振り返り」

現在はビデオフィードバックもプログラム内容に含めた全10回のプログラムを検討中。

このプログラムは，クラーク[4]による社交不安障害の発生・維持に関する認知行動モデルや先行研究を参考に作成した，外来患者および通院していない方を対象としています。さまざまな疾患，重症度，知的水準，年齢層の方からの申し込みがあるため，プログラム開始前のインテーク面接により，①集団療法に向いているかどうか，②社交不安時の認知・行動分析がプログラムで行う内容と合致するかどうか，の2点についての判断が重要になります。

CBTにおける技法が役に立つことはもちろんですが，社交不安障害の場合はグループそのものを1つの社交場面とみなし，プログラムを工夫しています。例えば，プログラム開始間もない頃は参加者の緊張が高いことを考慮し，参加者の自己紹介は名前のみとする一方で，回数を重ねるごとに2人組や小グループでの課題へと難易度が上がるように計画しています。効果としては，回避行動や不安の減少などが見られます。

実践例 ⑤ 強迫性障害に対する集団CBT
（報告者：藤目文子　　実施者：白川麻子，和田剛宗，藤目文子）

> 施設概要：自費診療によるカウンセリング機関（単科精神科と連携）
> スタッフ構成：臨床心理士1～2名，臨床心理士指定大学院学生1～2名
> 構造：1回150分，週1回6セッション，クローズドグループ
> 治療要素：心理教育，自助グループ，セルフモニタリング，行動分析，曝露反応妨害法

■ プログラムの対象
- 強迫性障害の診断を受けていたり，症状がある方（入院患者は除く。薬物療法を受けていなくても参加可能）
- 経済的な問題により継続的なカウンセリングが困難である方
- CBTを試してみたい方
- 個別カウンセリングとの併用によってより集中的なカウンセリングを行いたい方
- 同じ困難を抱える他者と一緒にがんばりたい方

■ プログラムの目的
- 強迫性障害の症状維持に寄与している悪循環を理解すること
- 曝露反応妨害法を実践し，その実行可能性に自信をもつこと

■ プログラム内容
事前個別面接「インテーク面接，行動分析」
第1回「強迫性障害についての情報提供，自己記入式Y-BOCSの実施，強迫観念についての心理教育，セルフモニタリングの練習」
第2回「セルフモニタリングの振り返り，強迫性障害の症状を維持させる悪循環について心理教育，行動分析，不安階層表の作成」
第3回「曝露反応妨害法について心理教育，曝露反応妨害法計画」
第4回「曝露反応妨害法，曝露反応妨害法計画」

第5回「曝露反応妨害法，曝露反応妨害法計画，自助グループ」
第6回「曝露反応妨害法，曝露反応妨害法計画，不安階層表・Y-BOCS再評価」

　このプログラムは，先行研究[9]を参考に作成した，外来患者および通院していない方を対象としたプログラムです。さまざまな疾患，重症度，知的水準，年齢層の人からの申し込みがあるため，プログラム開始前のインテーク面接により，①集団療法に向いているかどうか，②各参加者の強迫症状についての行動分析がプログラムで行う内容と合致するかどうか，の2点についての判断が重要になります。

　心理教育のときには，なるべく自己紹介時に得た参加者の具体例を盛り込んで，理解が促進されるよう工夫しています。特に強迫性障害の場合は，「わかっていても，やめられない」自分への悔しさがあるため，具体例を盛り込むことで「自分だけではない」「同じような経験をしている参加者がいる」という安心感が得られるようです。第1回目の曝露反応妨害法では，回避行動をとらないように綿密に計画した上で，必ず不安が下がるまで我慢すると決心できる課題を選んでもらい，参加者が順番にスタッフと一緒に曝露しています。実施後に全員の不安度の変化を折れ線グラフで表し，達成感が強まるよう工夫しました。

　何度か座談会を開催し，日常生活での工夫や励まし合いなど参加者同士で話すことも動機づけの向上に貢献したようでした。効果としては，強迫症状の減少や曝露反応妨害法実施についての自己効力感の向上などが見られます。

3．統合失調症

実践例⑥　問題解決療法（報告者：濱田馨史）

　　実施機関：医療法人社団博奉会　相模ヶ丘病院
　　住　　所：神奈川県相模原市南区下溝4378番地
　　連 絡 先：Tel 042-778-0200　　Fax 042-778-3876

　　　　http://www.hakuhou-kai.or.jp
　施設概要：精神科デイ・ナイト・ケア
　スタッフ構成：デイケアスタッフ（コメディカル）2名（リーダー，
　　書記兼コリーダー）
　構造：1回90分，オープングループ，デイケアプログラム
　治療要素：行動／機能分析，問題解決療法（相談内容により，提案
　　され用いられる解決技法はさまざま〔心理教育・認知再構成法・
　　現実曝露法・脱中心化[注1]など〕），ロールプレイ，コーピングカー
　　ド法[注2]，モデリング

■プログラムの対象：統合失調症をもつ人を中心とするデイケアのメンバー

■プログラムの目的
　○参加者のリハビリテーション，社会復帰の中で生じるさまざまな困難
　　を，自分で考え乗り越えられるようサポートする
　○その中で，セルフヘルプグループとしても機能できればなおよい

■プログラム内容
　一般的に紹介されている問題解決療法の流れに準じ（例えば，丹野ら[14]），
当院では以下のような手順で実施します。

　問題解決療法のモデリング用ポスターの掲示，守秘義務や退席（喫煙・
トイレ・飲水）の約束の確認を事前にしておきます。
　① 問題の具体的な把握（主観的苦痛度〔SUD〕）の評価：アセスメ
　　ント，アジェンダ設定，行動／機能分析を行っていく。
　② 現実的なゴールの設定：SMART（明確／具体的，測定／達成可

注1）脱中心化：自己を中心に主観的にしか物事をとらえられない状態から，他の次元や立
　　場に立って客観的に物事をとらえるようになること。
注2）コーピングカード法：コーピングシート法ともよばれる。予測される問題状況に対処
　　するために，前もって適切な対処行動を記入したカード（シート）を作成し，持ち歩く
　　方法。

能,現実的,有期)なゴール(p.86)を設定する。
③ ブレインストーミング：量の原則,判断保留の原則を守りながら,相談者の随伴可能性を広げていく。ここで,参加者,スタッフを問わず,皆でさまざまな心理教育や認知・行動技法を提案していく。
(休憩をはさむ)
④ メリット・デメリット分析：相談者の私見で,問題解決技法を含むアイディアの実行可能性,短期／長期的効果,重要性などを検討する。
⑤ 意思決定：解決方法の絞り込み,改良,組み合わせを検討する。
⑥ 実行作戦タイム：ロールプレイ,コーピングカード法などで般化可能性を高める。
⑦ 解決宣言(SUD評価)：

その後,日常生活中に行動実験のホームワークを実施してもらいます。実施後の参加時に,うまく解決したことの自慢,もしくは,うまくできなかった結果を振り返り,トラブルシューティングをするなど,行動実験の結果の検討を行います。

問題解決療法は,ズリラとゴールドフリート[5]が提唱した,合理的な問題解決のモデルに基づく,元来,適応／応用範囲の広い,認知行動的スキルトレーニング法・心理療法です。

そのため,情報処理技法,メリット・デメリット分析としてしか用いないのではなく,悩みの内容によって,さまざまな認知・行動技法を組み合わせたり,(ソーシャル)スキルの訓練などにも柔軟に対応できます。実証的根拠に基づき,技法的折衷を拒まない"パッケージ"療法であるCBTの特性を生かして,さまざまな問題にも幅広く対応していくことが可能なのです。

◼︎プログラムの経緯

効果測定として,25回分における,相談時と解決意思決定時の主観的苦痛度について,対応のあるt検定を行った結果,有意に減少していることが確認されました($t = 7.557, p < .001$)。平均値では7.52が4.24(どちら

もSDは約1.7）へと下がっているため，日常生活において，行動が制限・回避されてしまう悩みの影響力（SUD＞5）が，解決への行動遂行可能なレベル（SUD＜5）までに，おおむね低減していることがうかがえると思われます。参加者の感想からも，「困ったことや対処法を書き出すことで，整理ができてよい」など，行動前の情緒的混乱・予期不安の軽減によって，対処行動をとれる可能性が高まる効果が期待できるようです。

　他にも，デイケアを集団で行うことのメリットとして，参加者からは，「その問題は難しいなと思っていても，意外に意見がたくさん出る。時間がもっとあれば，いろいろ話せてもっとよい」「自分からは出てこない意見があって，とても参考になる」などの声が聞かれます。全員が"頭脳集団"と化す知的活動プログラムになり，本人の悩みの解決への視野も広がるようです。また，最終的には，本人の意思決定が尊重される部分も，対処法の押しつけにならずに，解決行動へのモチベーションを高く保つようです。

　また，「他の人も同じような悩みをもっているので，ホッとした。安心した」などの声も多く聞かれます。セルフスティグマの軽減や，仲間での励まし合いなど，ピアカウンセリングや自助グループとしての機能も期待できます。

　さらに，「考え方のシステムが参考になり，日常でも使っている」など，合理的な問題解決，意思決定方法，セルフモニタリングのモデリング，そして，般化も期待できそうです。

実践例 ⑦　幻覚・妄想のCBT（報告者：菊池安希子）

　実践機関：国立精神・神経医療研究センター病院
　住所：東京都小平市小川東町4-1-1
　連絡先：Tel 042-341-2711（代表）　　Fax 042-344-6745
　　　　　http://www.ncnp.go.jp/hospital/
　施設概要：医療観察法病棟
　スタッフ構成：臨床心理士2名（リーダー，コリーダー），看護師1

名（演習補助）
構造：セッションは1回60分，5回で1クール，患者4〜8人のクローズドグループ。セッション前後にプレミーティングとアフターミーティングを各15分程度。
治療要素：ノーマライジング[注1]，ストレス脆弱性モデル[注2]，ABCモデル[注3]，幻覚・妄想の心理学的モデル，認知再構成法，対処スキル増強法[注4]

■プログラムの対象
  ○適格基準：幻聴・妄想などの陽性症状の既往のある患者。主に統合失調症圏の者が該当するが，それ以外の診断の患者でも，受講に意味があると考えられる場合には臨床的な意義を重視して参加可能。基本的な疾患教育をすでに受けた方。入院・通院のどちらでも提供可能。
  ○除外基準：1時間のセッションに参加するための集中力の持続が困難な方，プログラムの理解が困難なほどに知的能力が低い方（ただし，IQが境界知能以下でも個別の予習をして臨むことで参加可能なことは少なくない）。

■プログラムの目的：幻覚・妄想の認知行動療法の導入

注1）ノーマライジング：断眠実験や捕虜の体験などの例をひきながら，精神病のない人でも過大なストレスや不眠が続けば幻覚・妄想といった体験をし得ることを伝える中で，精神病体験と正常体験が連続線上にあることを説明し，精神病に対する破局視を減らす方法。
注2）ストレス脆弱性モデル：元来もっているなんらかの脆弱性の上に過度のストレスがかかることで，統合失調症などの精神病の発病や再発に至るという仮説。
注3）ABCモデル：アルバート・エリス（Albert Ellis）が提唱した体験を3つの要素に分けて理解する認知モデル。引き金となる出来事（A：Activating Event）に対して，どのような思考・信念（B：Belief）をもつかがその後の感情（不安，抑うつなど）などの結果（C：consequence）を決めるとする。
注4）対処スキル増強法：ストレスや症状に対する適切な対処方法を系統的にトレーニングして，ストレスへの免疫を増強する方法。

◻プログラム内容

プログラム名称「CBT入門」

第1回　「CBT入門」の概要
　　　　ウォーミングアップ，グループの内容と予定の説明／ノーマライジングの導入

第2回　幻覚や妄想は誰でも体験する可能性がある
　　　　一定の条件がそろえば誰にでも幻覚・妄想は起こり得る

第3回　病的妄想になるメカニズム
　　　　ストレス・脆弱性モデルの紹介／発症のメカニズム／5つの悪条件／病気に見られる幻覚・妄想の特徴

第4回　統合失調症の心理治療戦略Ⅰ
　　　　「状況」「認知」「気持ち」の関係を学ぶ／幻覚・妄想を理解する，確証バイアス

第5回　統合失調症の心理治療戦略Ⅱ
　　　　治療の3ステップ「薬物療法・修正型電気けいれん療法」「環境調整・対処スキル増強法」「認知行動療法」

　精神病の認知行動療法（CBT for Psychosis，以下CBTp）においては，「不同意の同意」関係[注5]のもと，ノーマライジングや，幻覚・妄想の形成モデルについての基本的な考え方を患者と共有することが重要な要素となっています。「CBT入門」プログラムは，このようなCBTpの基本的な考え方を患者が系統的に学ぶことを目的として開発されました。マニュアルに基づく集団プログラムとすることで，担当者が代わっても，再現性高く，継続的に実施できるようになっています。これまでの経験では，「CBT入門」プログラムを実施するだけでも症状について対象化[注6]して考えられるようになり，病識の獲得や強化にプラスに働くようです。集団プログラムの利点は参加者の相互作用にありますが，逆に，非常にプライベートな

注5）「不同意の同意」関係：ある出来事（妄想も含む）について意見を異にしていても協働して問題解決にあたれる関係性を意味する。

注6）対象化：外在化ともいわれ，症状に対して自分から距離をおいて客観的に見ること。

内容が含まれることの少なくない幻覚・妄想の検証、問題行動との関連の整理、対処法の練習などについては個別に扱うほうが治療的・効果的であると考えられます。そこで、「CBT入門」プログラムで学んだことを土台として、さらに個別的なCBTを実施していくことが望ましいという意味もこめて「～入門」という名称にしました。なお、「CBT入門」は集団プログラムですが、患者の状態に合わせて個別実施も可能です[7]。

実践例⑧　再発・再燃予防プログラム （報告者：葉柴陽子）

実践場所：首都圏の精神科閉鎖入院病棟（医療観察法病棟）（約35床）
施設概要：約330床（精神科約250床，内科約80床）
スタッフ構成：原則的に臨床心理士1名（リーダー）と看護師2名
構造
　○クローズドグループ
　○回数：8＋2～3回
　○内訳：説明会1回，通常回7回，発表会1回，修了証書授与式，再発・再燃予防チームとの共有会退院後の協力者（家族，通院先，通所先スタッフなど）との共有会（適宜1～3回）
　○時間：80分（プレミーティング5分，アフターミーティング15分を含む。実質プログラムの時間は60分程度）
設備・用具：プロジェクター，パソコン，パワーポイントで作成したスライド，ホワイトボード，出席カード，テキスト，ワークシート（漢字が苦手な参加者には振りがな付きのものを用意），お茶などの飲み物。
治療要素：セルフモニタリング，対処スキルの増強と獲得，段階的な目標設定と積極的強化，サポート資源の拡充

■プログラムの対象

○再発・再燃の可能性のある精神疾患をもっている方（実際に参加したのは，主に統合失調症，他に覚せい剤後遺症，アルコール依存症の方でしたが，他の疾患でも応用は可能だと思われます。たまたま参加は

ありませんでしたが，配布資料の再発・再燃サインリストは「うつ」に関するものも用意していました。原則として，基礎的な疾病教育を受けている方を対象としました）。

◻ プログラムの目的
  ○ 入院中に学んだことを退院後も継続できるようにする
  ○ 「入院させられる」「よく話を聞かずに薬の量を増やされる」などの思いから再発・再燃の前兆や症状悪化について話すことに対する抵抗を減らす
  ○ 温かい雰囲気での運営を心がけ，サポートを受けることや仲間がいることのよさを実感してもらう

◻ 心理面接との連動
　グループ参加中，サポートが必要な参加者（実際にはほとんどの参加者に対して）については心理面接にてフォローを行いました。プログラム担当者以外が心理面接担当者の場合にも連携をとりながら実施しました。ほとんどの参加者について，第7回から発表会の間，再発・再燃予防シート（p.120）が作成できるように援助しました。入院者を対象としたグループで家族のサポートを得にくい環境の参加者が多かったことと，統合失調

集団CBTの風景（スタッフによる再現です）

症者の参加者が多かったことから，必要だったのです。参加者によっては自分で作成することも可能でしょうし，理解のある家族がいれば，家族にホームワークのサポートを依頼することもできると思われます。

■プログラム内容

▶説明会

簡単なゲームをしてウォーミングアップを行い，プログラムの目的と意義，ルールを説明し，参加の同意書をもらいました。主治医や担当スタッフからの促しでの参加者が多いので，ここで，本人の意思で参加するという形をとることで，本人の参加意思の尊重と，協同関係の構築を図りました。

▶通常回（第1～7回）（共通する流れ）

テキスト，ワークシート，ホームワークとして読む課題を配布する。
○ウォーミングアップ：クイズや簡単なゲームなど（参加者のレベル，特性に合わせて変更）。実際行ったものとしては，他己紹介，ちょっとした悩みの相談，自分の失敗談を話すなど
○参加ルール・目的の確認
○前回の復習：初回以外。参加者への説明。質問の受け付け
○ホームワークの確認
○今日の内容
○今日のまとめ：参加者への質問。説明を促す。質問の受け付け
○ホームワークの設定
○フィードバック

以下に，各回の内容を説明します。

第1回「再発・再燃についての心理教育」
○ストレス脆弱性に基づく再発・再燃に関する説明
○再発・再燃に関連する要因の説明
○再発・再燃予防のポイントの説明

ホームワーク　①「再発・再燃は予防できる」を読んで質問があれば
　　　　　　　　　　書き留めておく
　　　　　　　　　②再発・再燃予防に協力してもらいたい人をリスト
　　　　　　　　　　アップする

第2回「再発・再燃サインの発見」
○再発・再燃サインの説明
○再発・再燃サインリストから自分の経験したものを選ぶワーク
○再発・再燃サインと付き合っていく症状，再発・再燃時の症状の違いについての説明
○再発・再燃サインをモニターする理由
○再発・再燃サインを見つけるコツについての説明
○自分が気づくサイン，まわりの人が気づくサイン
○採用する再発・再燃サインの数についての説明
　　　ホームワーク　①配布資料「再発・再燃の火に襲われる前に火種を
　　　　　　　　　　断つ」を読んで，質問を書き出しておく
　　　　　　　　　②再発・再燃予防チームメンバーにサインについて
　　　　　　　　　　聞いてみる

第3回「再発・再燃サインの見極め」
○再発・再燃サインの見極める際の視点の説明
○モニタリングをするサインを決めるワーク
○再発・再燃サインをモニターすることの重要性
　　　ホームワーク　サインのモニタリング

第4回「再発・再燃サインへの対処」
○再発・再燃サインのモニタリングから見えてくること
○早期の対応の重要性についての説明
○これまでの対応：よかったもの，よくなかったもの
○再発・再燃サインの程度（危険度）を設定する
○再発・再燃サインの程度に応じた対応を考える
　　　ホームワーク　①再発・再燃サインのモニタリング
　　　　　　　　　②再発・再燃サインの程度分けとそれに対応した対

応についてさらに考えてくる

第5回「サポートの確保」
○再発・再燃サインが出始めてからどのくらい猶予があるのかについての説明とワーク
○再発・再燃サインが出たことについて話す，話さないことのメリット，デメリット
○どんなサポートがあるとよいか
　　ホームワーク　①再発・再燃サインのモニタリング
　　　　　　　　　②「間近に迫った再発・再燃の回避」を読んで，質問があれば書き出しておく
　　　　　　　　　③どんなサポートがあったらよいかについて考えてみる
　　　　　　　　　④チームメンバーにお願いできるか，聞けたら聞いてみる

第6回「ストレス対処法」
○ストレス脆弱性に基づく再発・再燃に関する説明の復習
○ストレスについての説明と実験
○ストレスを減らす方法の説明と自分に合った方法の選択
　　ホームワーク　①再発・再燃サインのモニタリング
　　　　　　　　　②ストレスになることとストレスを減らす自分に合った方法について考える

第7回「復習とまとめとチームメンバーへの伝え方」
○これまでの復習
○再発・再燃予防チームにどのように伝えるか
○再発・再燃予防チームと意見が違うとき，どう対処するか
○再発・再燃予防シートの作成に取りかかる
○発表会の予告
　　ホームワーク　①再発・再燃サインのモニタリング
　　　　　　　　　②再発・再燃予防シートの作成

心理面接も利用して，これまでのまとめと，実際の再発・再燃サインのモニタリングから，さらに再発・再燃サインとその対処を実際に使える形にしていきながら再発・再燃予防シート（図4.1参照。これは一例であり，参加者によって，形式や内容が異なる）を作成しました。

最後に再発・再燃予防シートに各参加者に自分で名前をつけてもらいました。実際のタイトルとしては，「困ることがあったら」「生活をよくするコツ」「人生の縮図」などがありました。

例として添付した図4.1は，ワープロソフトで作成したものですが，参加者によって，手書きだったり，自分でワープロソフトを使ったりしていました。参加者ができるだけかかわれるほうがよいのですが，本人の負担感も考え，作成方法やスタッフによるサポートの量の調整を行いました。

▶発表会

第7回が終了しておおむね1カ月後に，参加者と一緒に，関係スタッフ（主治医，担当看護師，精神保健福祉士のうち参加可能な人）を招待して，発表会を行いました。

これは，再発・再燃予防について，実際の再燃・再発予防メンバー（家族や地域でサポーターとなる人たち）と共有する際の練習になっており，また，再発・再燃予防シートを作成するモチベーション，実際に地域連携の際に本人が伝えきれない部分を同行スタッフが補うための情報を得る場と，たくさんの意味を担っていたと考えられます。さらには，プログラムを他職種に知ってもらう機会にもなりました。

▶修了証書授与

病棟の朝の会を使って，修了証書を授与しました。参加者の自信や達成感につながっていたようでした。また，まだグループに参加していない人にはグループを知ってもらう機会となりました。

▶再発・再燃予防チームメンバーとの共有

退院前に，入院病棟もしくは通院予定の病院，入所先の援護寮などにおいて，退院後に参加者をサポートするスタッフと，個別にあるいは集まれる人で集まって，再発・再燃予防シートを共有する機会を設けました。

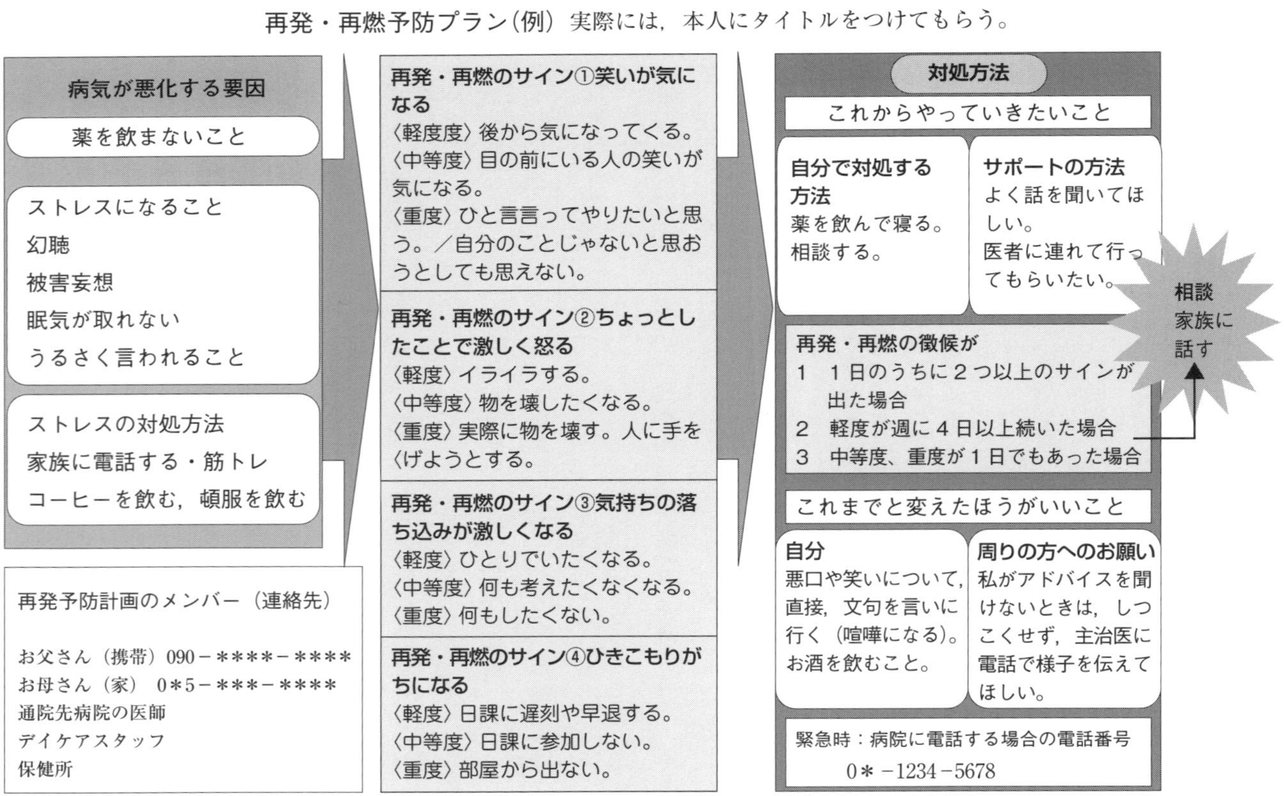

120　第4章　集団認知行動療法のプログラム内容

再発・再燃予防プラン（例）　実際には、本人にタイトルをつけてもらう。

病気が悪化する要因
- 薬を飲まないこと
- ストレスになること
- 幻聴
- 被害妄想
- 眠気が取れない
- うるさく言われること
- ストレスの対処方法
- 家族に電話する・筋トレ
- コーヒーを飲む、頓服を飲む

再発予防計画のメンバー（連絡先）
- お父さん（携帯）090-****-*****
- お母さん（家）0*5-****-*****
- 通院先病院の医師
- デイケアスタッフ
- 保健所

再発・再燃のサイン①笑いが気になる
〈軽度〉後ろから気になってくる。
〈中等度〉目の前にいる人の笑いが気になる。
〈重度〉ひと言言ってやりたいと思う。／自分のことじゃないと思おうとしても思えない。

再発・再燃のサイン②ちょっとしたことで激しく怒る
〈軽度〉イライラする。
〈中等度〉物を壊したくなる。
〈重度〉実際に物を壊す。人に手をあげようとする。（けようとする。）

再発・再燃のサイン③気持ちの落ち込みが激しくなる
〈軽度〉ひとりでいたくなる。
〈中等度〉何も考えたくなくなる。
〈重度〉何もしたくない。

再発・再燃のサイン④ひきこもりになる
〈軽度〉日課に遅刻や早退する。
〈中等度〉日課に参加しない。
〈重度〉部屋から出ない。

対処方法

これからやっていきたいこと

自分で対処する方法
薬を飲んで寝る。相談する。

サポートの方法
よく話を聞いてほしい。医者に連れて行ってもらいたい。

相談
家族に話す

再発・再燃の徴候が
1　1日のうちに2つ以上のサインが出た場合
2　軽度が週に4日以上続いた場合
3　中等度、重度が1日でもあった場合

これまでと変えたほうがいいこと

自分
悪口や笑いについて、直接、文句を言いに行く（喧嘩になる）。お酒を飲むこと。

周りの方へのお願い
私がアドバイスを聞けないときは、しつこくせず、主治医に電話で様子を伝えてほしい。

緊急時：病院に電話する場合の電話番号
0*-1234-5678

©Yoko Hashiba

注）本書のために筆者が作成したものです。

図4.1　再発・再燃予防シート

さらに，再発・再燃サインについて詳しい情報が得られてよりよいものになったり，再発・再燃サインに対する可能なサポートが増えたりすることがよくありました。関係者からは，本人と疾患について共有できるものができて助かるという話をよく聞きました。

4. 神経症～境界例水準（複数疾患）

実践例⑨ セルフモニタリング，セルフコントロールのためのプログラム（報告者：市口亜希）

> 実施機関：医療法人社団博奉会 相模ヶ丘病院
> 住所：神奈川県相模原市南区下溝4378番地
> 連絡先：Tel 042-778-0200　　Fax 042-778-3876
> 　　　　http://www.hakuhou-kai.or.jp
> 施設概要：精神科デイ・ナイト・ケア
> 構造：週1回，1クール12回（参加人数は4～7人）。午前2時間半（集団CBT），午後2時間半（リラクセーションスポーツ）で，一日を通してデイケアのプログラムとして実施。午後のリラクセーションスポーツのプログラムでは，ストレスコーピングを増やすこと，そのための具体的な方法を学ぶことや，他参加者と共に楽しむことを目的とし，身体面・行動面から気分の改善を図ることをめざしている。呼吸法，筋弛緩法，ヨガ，アロマ，軽スポーツなど，自宅でも実践しやすく，参加者にとって身につきやすいものを実施。
> スタッフ構成：集団CBTについては，臨床心理士1名（＋作業療法士もしくは心理実習生1名）が担当。リラクセーションスポーツについては，作業療法士1名と臨床心理士1名の2名で担当。
> 治療要素：セルフモニタリング，認知再構成法，マインドフルネス，アサーショントレーニング，問題解決技法，リラクセーション

❏プログラムの対象と目的

　うつ病，不安障害，適応障害，パーソナリティ障害など，精神病圏以外

の方。当初はうつ病に限定し，復職や職場適応を目的とした集団CBTを行う予定でしたが，当院にはさまざまな疾患，幅広い病態水準の人が通院しており，うつ病で復職や職場適応めざす人に対象を限定すると参加者が集まらないという問題が発生しました。そのため対象者の枠を広げ，目的は復職や職場適応だけに限定せず，自身の問題のセルフモニタリング，そしてセルフコントロールのための認知的・行動的対処を探すことにしました。これまでの参加者としては，働いている方，休職中の方，数年間働けていない方，主婦などさまざまです。

◻︎テキスト

　スタッフが作成したものを使用しています。『こころが晴れるノート うつと不安の認知療法自習帳』[13]，『フィーリングGoodハンドブック―気分を変えて素晴らしい人生を手に入れる方法』[2]，『さあ！はじめよう うつ病の集団認知行動療法』[12]，『私らしさよ，こんにちは―5日間の新しい集団行動認知療法ワークブック』[10]，『もういちど自分らしさに出会うための10日間―自尊感情をとりもどすためのプログラム』[3]などを参考にしています。グループの理解レベルやニーズによって多少変えています。

◻︎セッションの流れ

　当院では各回の大まかな流れや，各セッションの心理教育に必要な時間などはリーダーがセッションのはじめに提示しますが，具体的なタイムスケジュールや発表者などについては参加者同士で話し合って決めています。こうすることで，参加者は，自分の意見を伝えたり，話し合って折り合いをつける練習ができるからです。また自分たちでスケジュールを決定することで，参加者の自主性やモチベーションを高めることにもつながっています。実際にこれまでの参加者から「自分たちでスケジュールを決めることで主体的に取り組めてよかった」「自分の意見を言う練習ができてよかった」という感想を聞いています。

　各回のスケジュールは以下のとおりです。

　第1回：集団CBTの目的，メリットやデメリット，グループのルールに

ついて説明し，さらに付け加えたいルールについて話し合って決めます。また，各自の目標を発表します。

第2回：状況，思考，気分，行動のつながりなど，CBTについての心理教育，認知の歪みについて説明し，参加者自身の認知の歪みについて検討します。

第3～5回：思考記録表を使い，認知再構成法を行います。それぞれの参加者が記入したものを発表し，参加者全員もしくは小グループに分かれて検討します。

第6回：ペアワーク：自分の悩みを記入した用紙を相手に渡し，相手に読んでもらいます。そして悩みを語った友人に対して言葉かけをするように自分の悩みについて言葉かけをします。その後，自分で自分の悩みを読んで，相手に言葉かけをしてもらいます[10]。

第7回：ペアワーク：どうにもならない現実や自分の弱点を用紙に記入します。そして相手に悪魔役になってもらい，用紙に書いたどうにもならない現実や弱点を突いてもらいます。それに対して現実や自分のどうにもならない弱点を受け入れるような受け答えをします[3,10]。

第8，9回：アサーションについての心理教育を行い，それぞれの参加者がアサーションに自己表現を行いたい場面を取り上げ，ロールプレイを行います。

第10，11回：問題解決リストに記入し，自分が抱えている問題を明確にして現実的な行動面の目標を立てます。そしてブレインストーミングを行い，解決策を決定します。さらにアクションプランを用いて細かく作戦を立て，実行したことを発表します。

第12回：これまでの振り返りを行います。最初に立てた目標がどの程度達成できたか，まだ残っている課題は何か，今後予測される問題とそのときの対処方法などについて考えます。また，グループセッションの参加者一人一人に対して，互いのよいところを伝え合います。

実践例⑩　弁証法的行動療法プログラム　（報告者：杉山明子）

> 実践機関：医療法人社団碧水会 長谷川病院
> 住所：東京都三鷹市大沢2-20-36
> 連絡先：Tel 0422-31-8600
> 　　　　http://www.hasegawa-hp.or.jp/
> 施設概要：約500床　精神科　外来作業療法
> 治療要素：マインドフルネススキル，対人関係スキル，感情調節スキル，苦痛耐性スキル
> スタッフ構成：作業療法士2名，臨床心理士2名
> 構造：1回90分，24セッション1クール（1モジュール8回×3モジュール），通院集団精神療法，クローズドグループ

◻︎プログラムの対象

主に人格障害圏の疾患をもつ通院患者で，感情のコントロールや対人関係の問題，衝動的な行動を抱えている方

◻︎プログラムの目的

自分の感情と上手に付き合い，衝動性への耐性を形成するスキルを身につける。

◻︎グループ外での支援体制

経済的に可能であれば個人カウンセリングの併用を勧め，難しい場合でも，ホームワークのフォローなどを主治医や担当の作業療法士，デイケアスタッフと行う。

◻︎プログラム内容

このプログラムは，アメリカでリネハン[8]が提唱したあと，パーソナリティ障害をはじめ多くの疾患に適応され，効果を上げている弁証法的行動療法の技法を応用した外来作業療法プログラムです。もともとは，感情コ

ントロールに困難を抱える境界性パーソナリティ障害への治療法として開発されており，行動療法的アプローチ，認知療法的アプローチに加え，自分をありのままに受け止めるマインドフルネスの技術[6]をじっくりと身につけていくプログラムです。

　参加者には2クール1年間の参加を勧めており，その後も学んだスキルを実生活に応用させ，スキル向上をフォローアップする卒業生グループも用意されています。

　参加者には，毎回ホームワークが出されます。また，欠席は1モジュールにつき3回までとしています。さらに，経済的に可能であれば個人心理療法を併用し，それが難しい場合でも診察などで主治医や医療スタッフにホームワークの報告と自分を振り返る作業を行うなど，多くの課題が設けられています。とはいえ，このような高いハードルに継続的に取り組むこと自体が，参加者自身の自己効力感（弁証法的行動療法における有効感）を高める効果を生み出しているとも考えられます。

　心理療法や診察などによるスタッフのフォローは，単なるホームワーク報告の場ではなく，危機的状況に適切に対応できない自分や，スキル習得に伴う困難さ，モチベーションを維持できないつらさに共感することで，参加者の治療意欲を高め，プログラムへの継続参加を支援する場として活用されています。プログラムには自身の問題点や課題，過去と向き合う作業も多く，参加者の多くはつらさを訴えますが，「つらいからこそそれを乗り越えるためのスキルを学ぶ意義が実感できる」という弁証法的考え方に基づき，スタッフがその姿勢を支えていきます。参加者は，プログラムの導入前後，また毎回のセッション後に自己評価を行っていますが，数字だけを見ると自己評価が下がっていることもあります。しかし，その変化に対して参加者からは，「前よりも自分を客観的に見られるようになったから下がっているだけ。むしろ前進している」との声が聞こえることからも，自己観察力が格段に向上していることがうかがえます。また，このプログラムは，さまざまな医療スタッフをよい意味で巻き込んだ構造になっているため，グループセッションへの参加を通じて，医療スタッフや家族など，参加者と周囲の人間とが同じ視点でコミュニケーションしやすくな

るというメリットもあります。長丁場でボリュームのあるプログラム，参加者をフォローする構造作りなど，作り上げるまでには多くの困難が予想されますが，参加者もスタッフも意義と効果を感じられるプログラムといえます。

実践例⑪　自尊心をターゲットにしたプログラム　（報告者：中島美鈴）

実践機関：独立行政法人 国立病院機構肥前精神医療センター
住所：佐賀県神埼郡吉野ヶ里町三津160
連絡先：Tel 0952-52-3231　　Fax 0952-53-2864
　　　　http://www.hosp.go.jp/~hizen/
施設概要：約600床 精神科 デイケア
スタッフ構成：精神科医1名，看護師3名，作業療法士1名，臨床心理士1名
構造：1回90分，6セッション1クール，通院集団精神療法およびデイケア，セミクローズドグループ
治療要素：認知再構成法，スキーマの同定[注]，メリット・デメリット分析，行動実験，マインドフルネス，行動計画，リラクセーション

■プログラムの対象
○自分のことが大切にできず，うつ状態になっている方
○疾患は問わない（統合失調症，気分障害，アルコール，薬物依存，発達障害を含む）
○入院および通院患者

■プログラムの目的
○うつや不安の原因となっている認知や行動を修正すること。
○健全な自尊心をもつこと。

注）スキーマの同定：考え方の鋳型ともいえる価値観，人生観のことをスキーマとよび，それを認識すること。

■プログラム内容：「自分を愛するプログラム」
　第1回　考え方を修正しよう（目標設定，認知再構成法，呼吸法）
　第2回　自分を愛せない信念（スキーマの同定，メリット・デメリット分析，アロマで呼吸法）
　第3回　悪循環から抜け出す方法（行動実験，ストレッチ）
　第4回　ひらきなおりテクニック（マインドフルネス，ヨガ）
　第5回　ぐずぐず悪魔のささやき（行動計画，再発予防，ヨガ）
　第6回　変化を実感しよう（メイクセラピー，目標の振り返り，言葉のプレゼント）

■セッションの流れ
　○ウォーミングアップ：ストレッチやマイブームの発表など簡単なウォーミングアップ。
　○ホームワークの確認：スタッフが参加者のホームワークを確認。ホームワークができなかった参加者には次回できるような工夫を考えます。
　○今日のアジェンダの話し合い：あらかじめホワイトボードにアジェンダおよび目安となる時間を書いておきます。参加者と話し合いながらスケジュールがこれでよいのかを検討します。緊急に話し合いたいことがあれば，変更もします。

デイケアの中の集団療法室

○今日のCBTワーク：1セッションにつき，1〜2の技法を身につけます。
○休憩：音楽をかけてティータイム。後半のリラクセーションに入るために気分を変えます。
○リラクセーション：作業療法士がリーダーとなって，呼吸法，ストレッチ，ヨガなどを行います。
○今日の感想の話し合い：参加者が率直な感想を共有できるよう配慮します。場合によっては，セッションの中での体験を心におさめて帰宅できるよう支援します。
○次回予告：次回の日程とホームワークを確認して終わります。

　このプログラムは，アメリカで開発された10日間の集団CBTを参考にして作った自尊心に焦点をあてたデイケアプログラムです。デイケアを訪れる，さまざまな疾患，重症度，知的水準，年齢層の人をなるべく敷居を低くして多く受け入れることのできるよう工夫した結果生まれました。テキストに記入するワークだけでなく，ロールプレイやリラクセーションワークを取り入れる動的で楽しいプログラムです。そのため，境界域の知的水準の人でも，かなり重症な人でも参加できます。効果としては，気分の落ち込みの改善や，不安の低減，自尊心の向上などが見られます。疾患を問わずに行えることから，最近では産業領域や教育現場でも実践されるようになっています。プログラムの詳細は，『私らしさよ，こんにちは―5日間の新しい集団認知行動療法ワークブック』[10,11]を参照してください。

5．その他の疾患

実践例⑫　アセスメントグループプログラム（報告者：山本貢司）

実践機関：医療法人社団 ラルゴ 横浜ストレスケアクリニック
住所：横浜市西区浅間町1－6－5　横浜西口K&Kビル2F
連絡先：Tel 045-479-6115
施設概要：心療内科，神経科，精神科，精神科ショートケア（復職支援ショートケア）

> プログラムを始めた時期：2007年3月
> スタッフの構成：臨床心理士1名，精神保健福祉士1名
> 構造：復職支援を目的とした精神科ショートケアのプログラムの1つ。
>   3カ月間の復職プログラムで，毎週月曜日，全12回の実施。1グループにつき90分程度。参加者は6人前後。
> 治療要素：セルフモニタリング，認知理論と機能分析によるアセスメント，問題解決モデルに沿った事例定式化と解決策の創出

◻プログラムの対象

うつ病と診断され，そのために休職しており，本人に職場復帰の意思があり，主治医や当院から復職準備が可能と判断された方。企業に在籍していない方は除外しています。

◻プログラムを立ち上げたきっかけ

当クリニックの復職支援ショートケアは，当クリニックの開設と同時にスタートしました。スタート前に，医師や精神保健福祉士，臨床心理士がそれぞれの経験をもちよって復職プログラムの内容を考案しました。その中では，集団CBTとは別枠で，生物—心理—社会の幅広い視点で休職している参加者の状態を振り返るプログラムが必要であることを話し合いました。そして，そのための専用のシートを作成し，そのシートに基づいて参加者自らが振り返りをするというプログラムをスタートさせました。復職支援プログラムを開設して以来，定期的に進め方やシートの内容を改定し，現在のセルフアセスメントプログラムの形にまとめました。

◻プログラムの目的

当クリニックのショートケアにおける復職支援プログラムでは，ベックによるうつ病の認知行動理論に基づいた集団CBTプログラムが設定されており，そこで参加者の自動思考に焦点をあてたアセスメントを実施します。しかし，集団CBTの枠内で実施できるアセスメントでは，長期にわたってうつ病を罹患する休職者の複雑な問題に対しては十分ではないと判

断したため，アセスメントに特化したプログラムを設定しました。それには，次のような理由があります。

　第一には，うつ病休職者はうつ病特有の問題以外に次のような問題を抱えていることがあげられます。例えば，抑うつ気分が軽度であっても不安が強く，認知的に反芻が高いこと[16]，社会的スキルが低いことに加えて，被受容感が低く被拒絶感が高いこと[15]が示されています。また，日々の臨床実践では，不安に対する回避行動が高いことやストレスを緩和させるための認知的統制スキルが低いこと，個人の家族問題や職場のストレッサーといった参加者の環境的な問題などがさまざまに報告されます。このため，うつ病休職者の職場復帰と再発予防を目標とすると，抑うつ気分を軽減するのみのアプローチでは十分ではなく，自ずとうつ病以外の問題にもアプローチすることが必要となります。

　第二に，当クリニックの復職支援プログラムでは，ヨガや筋弛緩法，アロマといったリラクセーションや，アクションプラン，余暇活動，疾患に対する心理教育，対人スキル訓練など，参加者に対して多面的なアプローチを実施しています。この多面的なアプローチを有効に活用するためには，参加者の認知や行動のみならず，生活環境や職場環境，身体的問題，対人関係，家族問題など幅広い領域にわたる問題を明確にすることが不可欠です。問題点が明確にならない状態で各プログラムを実施しても，やみくもに手当てをしているだけで，場合によっては逆効果となる危険性もあります。

　第三に，復職後の症状再燃や再休職を長期的にわたって予防するには，参加者が自らの状態をよく理解することがまず必要となります。CBTが目指すところのクライエントが自らの治療者となる目標を実現するには，参加者自身がアセスメントをするスキルを身につけることが大切です。

　これらの理由から，当クリニックの復職支援プログラムでは，参加者の心理社会的問題を整理して解決策を見つけ出すというアセスメントに特化したプログラムを設定しました。

■プログラム内容

プログラムの各回の作業を大まかに分けると,次のように3つにまとめることができます。

- 第1期(第1〜4回):問題の整理と解決策の創出
- 第2期(第5〜8回):問題解決策の実施と効果の検証
- 第3期(第9〜12回):効果の維持と再発防止策のまとめ

アセスメントプログラムは,アセスメントシートといった独自に作成した用紙を用いて進めていきます。アセスメントシートには「1 状況」「2 気分」「3 身体」「4 認知」「5 行動」といった認知理論によるアセスメントができるように欄が設けられています。そして,「1 状況」「2 気分,3 身体,4 認知,5 行動」「6 結果」といった機能分析によるアセスメントができるようにも欄が設けられています。さらに,このアセスメントによって見出された問題点を「7 問題の定式化と解決策」の欄でまとめ,問題解決モデルに準じた方法で解決策を立てる流れにしています。

アセスメントシートにある各欄には,「どんな出来事がありましたか」「どんなことが頭に浮かんでいましたか」「どんな行動をしていましたか」「その結果はどうなりましたか」などの質問項目があり,参加者はその質問に答える形で欄内に記入します。記入された内容をもとにスタッフとの質疑応答を通して,認知理論と機能分析によるアセスメントをした上で,問題解決モデルを使って問題の定式化と解決策をまとめていきます。

■プログラムの進め方

アセスメントプログラムの具体的な進め方を,それぞれの期でまとめると次のようになります。

▶プログラムの第1期

第1期では,現在最も困っている問題を明確化するために,参加者のセルフモニタリング力を向上させることが大きな目標となります。まず,スタッフがアセスメントの目的や方法を説明し,参加者はアセスメントシートにしたがって記入します。初めて記入するアセスメントシートに戸惑う参加者は多いですが,スタッフは参加者に対し

てセルフモニタリングを促す質問や言葉がけをして，自ら記入できるように導いていきます。そして，この時点でわかった問題に対して，さらに内容を具体化するためにポイントを絞って自己観察することをホームワークに設定します。そうしたセルフモニタリングの作業を通して，抑うつ気分や不安，頭痛，倦怠感などの身体症状と関連するような問題を探索します。そこでは，思考の歪みはないか，反芻はないか，回避行動や過剰補償，自己抑制はないか，対人スキルの不足はないか，気晴らしはできているか，リラクセーションはできているか，といった認知行動理論の視点と，問題となる思考や行動などによってどのような気分や身体反応が生じたかという，機能分析の視点で観察をしていきます。

　例えば，参加者の反芻に焦点をあてたアセスメントをすると，次のようになります。「何もストレスに感じることはなかったけれど，何となく落ち着かずに気持ちがもやもやしていたので何も活動できなかった」と参加者が報告したとします。そのとき，スタッフからは「落ち着かなかったときに何を考えていたか」「どんなことを気にしていたか」「考え込みや漠然とした思いで頭の中がいっぱいではなかったか」といった認知の状態に関する質問をします。参加者から「仕事のことが頭に浮かんでいて，この先どうしようかと気になっていた」「あれやこれやいろいろと漠然と考えていた」といった回答があれば，スタッフはそれを「考え込み」や「グルグル思考」など参加者がしっくりくるような呼び方で名づけて反芻を明確化させます。そして，反芻によってもたらされる結果を質問し，反芻によって疲れる，考えても結論が出ない，不安が大きくなるなどの結果を参加者と共に確認します。そして，問題解決モデルに沿った形式で，その時点で可能なレベルで問題を具体的に定義して目標を立てます。「寝る前に復職についてあれこれと反芻をすると不安になり，寝るまでに1時間かかってしまい翌朝の寝起きが悪くなる」という問題であれば，寝る前の反芻を軽減する目標を立てます。解決策として，反芻に気がついたら考え込んでも結論が出ないというデメリットを確認したり，ゆったりとし

た音楽を聴いたり，リラクセーションしたりするといった工夫を具体的に設定します。

　この時期では，参加者の問題の性質やセルフモニタリングの程度などに応じて，スタッフから参加者に対して問題に踏み込んだ質問をしたり，問題の要約をしたり，心理臨床的問題に対してある程度の示唆を与えます。その際，あまり患者の自己理解が進んでいないうちに治療者が洞察や理解を提示すると，早すぎる介入となって患者に余計な負荷をかけることや，まだ同定されていない重要な問題に焦点があてられなくなること，スタッフから支持されていないと感じて抵抗が生じること，といった患者の回復を阻害する危険性が潜んでいることに注意する必要があります。

▶ プログラムの第2期

　第1期で具体的に定義された問題の解決策を繰り返し実行します。そして，その解決策が問題解決にどの程度寄与したかをアセスメントします。もし，解決策に目立った効果がなければ，他にもっとよい解決策がないかを話し合ったり，問題の再整理をしたりします。

　先ほどの反芻に焦点をあてた例では，同定された反芻に対する解決策を参加者の状態に応じていくつか実施します。具体的には，反芻に対して距離をおいて観察する練習やヨガ，筋弛緩法，アロマ，アクションプランといった他の復職プログラムで身につけた方法を利用しながら，反芻しやすい時間帯に自宅周辺を散歩すること，好きな音楽を聴くこと，ストレッチをすることなどの気晴らしの活動を設定したり，生活雑音を弁別し同時に集中するような注意トレーニングを設定したり，身近な人に話しかけるといった行動課題や不安に対する曝露法を設定することもあります。そして，考え出された解決方法がどのような効果をもたらしたのかを確認し，より効果的な解決策を絞り込んでいきます。効果が不十分であれば，再度問題のアセスメントを行い，不安に対する回避行動があるのではないかといったように，反芻以外の問題を探索して解決策を見出す作業をします。

▶プログラムの第3期

　この時点で，気分や体調の改善などの何らかの効果が生じていれば，その解決策を繰り返し実施してもらい，解決策を再発予防の計画に組み込めるように話し合います。一定の効果を得られていなければ再度アセスメントの作業を繰り返して問題の同定と解決策を考えていきます。ただ，プログラムのセッション数は決まっているため，セッション11回から12回を使って，その時点で明確になっている内容をもとにして解決策や再発予防策をまとめていきます。

　先ほど紹介した反芻に焦点をあてた例で説明すると，第2期までに実施した解決策の中から最も効果のあった解決策を明確にして，再発予防策として設定します。例えば，参加者とスタッフが反芻の客観視と不安の曝露法が効果的であったと判断した場合は，それによって安定感が得られていることをセッションのたびに確認します。そして，その解決策を用紙に書き出して自宅の部屋に貼ったり，メモ帳や携帯電話に書き込んだり，アセスメントシートを1日1回は見直すことにしたり，常に確認できるような工夫をして再発防止策をまとめます。さらに反芻の場合，参加者の達成状況に応じてさらなる追加策に踏み込むことがあります。それは，反芻を発生させるメタ認知の修正です。メタ認知は思考や行動を客観的な対象として把握する認知のことですが，これは思考や行動の他，注意に影響を与えます。そこで，参加者に「何を気にして反芻をしていますか」「反芻をすることがどのように役に立つと感じていますか」といったメタ認知を同定するための質問を投げかけます。参加者から「あらかじめ考えておかないと，万が一のときに対応できない」などの回答を得ることができた場合，それが参加者の反芻を引き起こすメタ認知であるため，同定されたメタ認知のメリット・デメリットやメタ認知によってもたらされる結果を検討します。さらに，そのメタ認知の内容によって「かえって悪いことばかりが気になる」といったCognitive Attention Syndromeと呼ばれる注意バイアスの現象や「万が一を考えようとしても万が一の事態はめったに起こらない」といったメタ認知の非機能性を検討した

りすることができれば，「悩むより行動してみる」「考えるなら具体的に簡潔にまとめる」などのより適応的な内容にメタ認知を書きかえます。修正されたメタ認知を手帳や携帯電話に書き込み，必要なときに見直すなどの対策を設定して再発予防策に組み込みます。

▶その他

アセスメントの例として反芻を扱ったときの流れを紹介しましたが，うつ病休職者の復職支援では，参加者はさまざまな問題を抱えているため，対人場面における否定的認知や，抑うつ的思考の三特徴などの認知的問題，不安に対する回避行動や対人行動などの行動的問題，職場のストレッサーや家族問題といった環境的問題，発達障害の認知行動的特徴，双極性障害の気分や活動性の波などの幅広い問題に焦点をあてます。

アセスメントの作業は，認知再構成法のように直接的な認知変容をめざしていません。あくまでも適切なアセスメントをして問題解決モデルに沿って参加者が納得できる解決策を見出し，参加者自らが問題にチャレンジするように促すところまでが主な作業になります。しかし，前述の例でわかるように，適切なアセスメントは適切な解決策を自ずと導き出してくれます。また，アセスメントをする行為そのものが，セルフモニタリングを促し，問題に対して距離をおいて眺めるトレーニングにもなります。集団CBTにおいても，アセスメントの作業を丁寧に行うことに大きな利点があるでしょう。

実践例⑬ 肥満と生活習慣病予防プログラム（報告者：清水馨）

実践機関：新潟県内にある精神科単科病院
施設概要：精神科デイケア（大規模1単位）
スタッフ構成：精神科デイケアスタッフ（看護師，作業療法士，精神保健福祉士，臨床心理士）のうち2名＋管理栄養士1名
構造：1回60分，15セッション1クール，精神科デイケア
治療要素：大野裕先生（慶應義塾大学保健管理センター教授），中川

> 敦夫先生（コロンビア大学医学部精神科 Research Fellow）監修の『SOLUTION for WELLNESS　患者さんのための健康生活　食事＆健康ガイド』を利用。これらには行動分析や問題解決療法，セルフモニタリングなどの要素が多く取り入れられている。

◻︎プログラムの対象
　○統合失調症，うつ病など，精神疾患を罹患しており，服薬などの影響で体重コントロールが困難な方
　○生活習慣病併発の危険がある方

◻︎プログラムの目的：体重コントロール，生活習慣病予防に関して，セルフコントロールできるように促す。

◻︎プログラム内容
　第1回「オリエンテーション（プログラムの目的確認，導入）」
　　　自己紹介と顔合わせ。プログラムの目的や内容の説明を行います。参加者の参加理由などを聞いておくと，目標設定の際にすり合わせがしやすくなります。
　第2回「自分の標準体重（BMI）を計算し，目標体重を決めよう」
　　　ベースラインの測定（体重，身長，腹囲，空腹時の血糖値，総コレステロール値，中性脂肪値，BMIの算出）と目標設定（3カ月のプログラムの中で実現可能な目標を立てられるように促す。減量の目安としては1カ月で1kg減）
　　　なお，体重は毎回セッションが始まる前に全員，測定し記録。それ以外の指標は，プログラムの前後に測定。
　第3回「自分の食生活を振り返る，生活習慣改善の目標を設定」
　　　生活リズムおよび食事内容に関してのセルフモニタリングを実施（以後，毎日のホームワークとして実施）。食生活における目標を設定します。
　第4回「普段の運動量を振り返る，運動習慣改善の目標を設定，運動の

メリット・デメリットの整理」
　普段の生活の中での運動量をチェック。運動を行う際のメリット・デメリット分析（ブレインストーミング）。実行可能性などを考慮して運動面での目標を設定します。

第5回「たくさんの種類の食べ物を食べる意味を理解する」（栄養士による講義　第12回目まで）
　生活リズムおよび食事内容のセルフモニタリングシートを使って，よかった点，改善点などをフィードバック。食べ物の模型やイラスト入りのプリントなどを用いることで，視覚的に情報を与えられるように工夫。以後，第12回目までは同じように実施。

第6回「食事量と身体活動量のバランスを理解する」
第7回「食物繊維についての理解」
第8回「脂肪，糖分について理解する」
第9回「塩分について」
第10回「水分，アルコールについて」
第11回「多種類の食品をバランスよく摂るポイントを理解」
第12回「外食でのメニューの選び方を学ぶ」
第13回「減量に効果的な運動について理解」
　生活の中で取り入れやすい運動の種類を紹介。行動実験。セルフモニタリングシートを用いて，具体的にどの部分で取り入れられやすいか検討。

第14回「運動を続けるコツについて理解」
　メリット・デメリット分析の結果やセルフモニタリングシートの結果を用いて，解決方法の改良。

第15回「今までの振り返り，次回の調理実習のメニュー決め」
　これまでの振り返りと今後の食生活に生かせるように実践（レシピ決め）。レシピ決めでは，①安いこと，②手軽にできるもの，③栄養バランスが考えられているもの，の3点をポイントとして，実生活で取り入れやすいものを検討。

第16回「実践　調理実習，まとめ」

プログラムのまとめと結果報告。終了証の授与。

実践例⑭ 女性グループ （報告者：岡田佳詠）

実践機関：NTT東日本関東病院精神神経科
住所：品川区東五反田5-9-22
連絡先：Tel 03-3448-6321 （精神神経科外来）
　　　　http://www.ntt-east.co.jp/kmc/sinryo/19ninchi._woman.html
施設概要：665床（一般病棟615床，精神病棟50床）
スタッフ構成：看護師1～2名，精神科医1名
構造：週1回，1回90分，全8回セッション（プレセッション含む）
　　　クローズドグループ
治療要素：認知再構成法，問題解決法，アサーショントレーニング

■プログラムの対象
　○主治医からうつ病，躁うつ病などの気分障害と診断されている方
　○原則として常勤の仕事をもっていない方（主婦が適しているが，相談に応じる）
　○症状が安定している方
　○全セッションに参加が可能な方
　○主治医の同意が得られている方
　特に，家族など身近な人との人間関係でストレスを抱えている方に適しています。

■プログラムの目的
　○女性うつ病患者が集団の作用を活用しながら，認知・行動面での知識・方法を学び実践することで，社会生活機能の改善をめざす
　○特に，うつ病の症状，症状に伴う生活上の困難，身近な重要他者（夫，舅，姑，両親，子どもなど）との関係改善をめざす

■プログラム内容:「女性のための集団認知行動療法」
　プレセッション「状況・認知・気分・行動・身体のつながり」
　第1回「うつの女性の考え方の特徴」
　第2回「気分を確かめ,自動思考をみつめる方法」
　第3回「バランスのとれた考え方を導き出す方法(1)」
　第4回「バランスのとれた考え方を導き出す方法(2)」
　第5回「問題解決能力を高める方法」
　第6回「コミュニケーションの特徴とチェック」
　第7回「アサーションの方法」
　第1～4回は主に認知再構成法,第5～7回は問題解決技法(問題解決策リスト,アクションプランの作成,アサーショントレーニングなど)を実施しています。

　このプログラムは,女性うつ病患者が男性に比べて多いこと,また,これまでに,女性うつ病患者の重要他者との関係上での役割への強い義務感,身近な人に配慮しすぎる認知の傾向がうつ症状を含む社会生活機能の低下に関連することなどが研究上示唆されたこと,さらに,仕事をもたない女性が参加できる集団CBTプログラムが少ないことなどから,2006年4月に立ち上げました。このプログラムでは,参加する女性に共通する普段の日常生活(家事,介護など)を主に取り上げることなどから,比較的早期に集団の凝集性が高まります。これまでの参加者からは,女性限定のプログラムについて「それ(女性限定)がよかった」という感想が多数寄せられています。プログラムの詳細については,『さあ!はじめよう うつ病の集団認知行動療法』[12]を参照してください。

文献(第4章)
1) Andrews, G., Andrew, P., Crino, R., Lampe, L., Creamer, M., Hunt, C. (古川壽亮 監訳):不安障害の認知行動療法(1) パニック障害と広場恐怖─不安障害から回復するための治療者向けガイドと患者さん向けマニュアル.星和書

店，東京，2003.
2) バーンズ，D. D.（野村総一郎 監訳，関沢洋一 翻訳）：フィーリングGoodハンドブック―気分を変えて素晴らしい人生を手に入れる方法．星和書店，東京，2005.
3) バーンズ，D. D.（野村総一郎，中島美鈴 監訳，林建郎 翻訳）：もういちど自分らしさに出会うための10日間―自尊感情をとりもどすためのプログラム．星和書店，東京，2009.
4) Clark, D. M., Wells, A.：A cognitive model of social phobia. In：(ed.), Heimberg, R. G., Liebowitz, M. R., Hope, D. A., Schneier, F. R. Social Phobia：Diagnosis assessment, and treatment. Guilford Press, New York, 1995.
5) D'Zurilla, T. J., Goldfried, M. R.：Problem solving and behavior modification. Journal of Abnormal Psychology, 78：107-126, 1971.
6) カバットジン，J.（青木豊 訳）：マインドフルネスストレス低減法．北大路書房，東京，2007.
7) 菊池安希子：統合失調症の認知行動療法．松原三郎 編：専門医のための精神科リュミエール(4) 精神障害者のリハビリテーションと社会復帰．中山書店，東京，p.59-67, 2008.
8) リネハン，M. M.（小野和哉 監訳）：弁証法的行動療法実践マニュアル 境界性パーソナリティ障害への新しいアプローチ．金剛出版，東京，2007.
9) McLean, P. D., Whittal, M. L., Thordarson, D. S., Taylor, S., Söchting, I., Koch, W. J., Paterson, R., Anderson, K. W.：Cognitive versus behavior therapy in the group treatment of obsessive-compulsive disorder. Journal of Consulting and Clinical Psychology, 69(2)：205-214, 2001.
10) 中島美鈴：私らしさよ，こんにちは―5日間の新しい集団認知行動療法ワークブック．星和書店，東京，2009.
11) 中島美鈴：DVD版 私らしさよ，こんにちは―5日間の新しい集団認知療法ワークブック．星和書店，東京，2009.
12) 岡田佳詠，田島美幸，中村聡美：さあ！はじめよう うつ病の集団認知行動療法．医学映像教育センター，東京，2008.
13) 大野裕：こころが晴れるノート うつと不安の認知療法自習帳．創元社，東京，2003.
14) 丹野義彦，坂野雄二，長谷川寿一，熊野宏昭，久保木富房 編著：認知行動療法の臨床ワークショップ2 アーサー＆クリスティン・ネズとガレティの面接技法．金子書房，東京，2004.

15) 山本貢司, 久保真理, 横田安奈, 石田太, 小関奈々子, 松村英哉, 後藤健一, 三木和平：復職準備をするうつ病休職者の心理社会的状態とSSTによる変化 被受容感の改善を伴った適度な自己注目を促す学習的介入. 精神障害とリハビリテーション, 12：50-55, 2008.

16) 山本貢司, 松村英哉, 横田安奈, 小関奈々子, 後藤健一, 三木和平：復職準備をするうつ病休職者の反芻・省察と不安・抑うつとの関連. 神奈川県精神医学会, 58：19-25, 2009.

第5章
集団認知行動療法でつまずきがちな点と打開策

　この章では，集団CBTを進める上でよく見られるつまずきがちな点について，複数の視点からの理解の仕方や対処法を紹介します。
　これらは一問一答形式のルールではないということに注意しましょう。実際にはそれぞれの参加者の状況や文脈に応じて理解したり対処したりする必要があるからです。また，スタッフや施設の状況によっても対応は変わるでしょう。
　そのため，あえて回答（A）を複数設けてみました。皆さんが臨床活動を進める上で，参考にしてください。

第1節 参加者との間で経験するつまずきがちな点

> **Q1** 課題を完璧にしようとするあまり，気分が変わらない
>
> コラム法のホームワークではとても理想的な代替思考を書くことができているにもかかわらず，「気分が改善しない」，あるいは「すぐにまたもとの自動思考に戻ってしまう」と訴える人がいます。どんなアドバイスをしたらよいでしょうか。

　自分の実感が伴わないにもかかわらず，「よい」あるいは「正解の」代替思考を書くことにこだわってしまう人がいます。特にセッションでコラム法を行うときに，皆の前で発表することを意識しすぎてしまうことで，ますますこのような事態に陥りやすくなるようです。

A1 確信度を評定してもらう

　代替思考の「確信度」を評定してもらいましょう。他の参加者からの評価や正解を探すことを気にせずに，代替思考がどれだけ自分自身にとって納得できるものか考えてもらいます。

A2 皆で反証を考える

　「自動思考」に対する反証を他の参加者からたくさんあげてもらい，バージョンアップされた代替思考を作り出してみてはいかがでしょうか。自分1人では思いもよらなかった反証が見つかると，代替思考もより柔軟に導き出すことができるでしょう。

A3 ホットな思考をとらえる

　「自動思考」が自分の感情の伴った「ホットな思考」であるか，確認してみましょう。もし十分にホットな思考とはいえないなら，下向き矢印法（p.98）などを用いて自動思考を検討してみるところに戻ってみましょう。十分にホットな思考に対する代替思考を作り上げることが気分の変化に影響します。

Q2 「現在，困っていることはありません」

うつ病などで長期の休職をしている人の中には，精神的負荷の低い生活になっている人もいます。そのため，「今の私にはネガティブな感情を起こすイベントがまったくありません」と訴える参加者がいます。そのような参加者にも認知再構成法などのホームワークに取り組んでもらうには，どのようにすればよいでしょうか。

A1 過去に困ったときの出来事を整理してもらう

今現在いやな気分になるような出来事がないと訴える参加者には，例えば休職する以前の出来事など，過去にいやな気分になった場面を題材として練習するよう提案してみましょう。過去にいやな思いをした場面は今後も経験する可能性があるので，余裕のあるうちにそれらについて認知の癖を整理しておくことは今後の役に立ちます。今後に備える，という視点からの取り組みを促してみてはいかがでしょうか。

A2 将来についての不安や心配事を扱う

今は困っていなくても，将来や今後のことを想像すると不安や心配が高まる，という人もいます。「同僚に会ったらこんなことを言われるんじゃないか」「復職したら周囲からどう思われるんだろう」など，今後に対する不安や心配事があれば，それらを課題としてホームワークに取り組むことを勧めてみましょう。

A3 「今後問題が起きたときに使えるように」という視点を強調する

集団CBTで扱う技法は，身につけるまでにある程度繰り返し練習することが必要となります。例えば，復職後に大きなストレスとなる出来事が起こったときなど，今後何らかの問題に直面したときにCBTの技法を活用できるように，些細な問題であっても今のうちから積極的に練習に取り組むよう促しましょう。

Q3 陽性症状が消失していて，動機づけが低かったら？

統合失調症のCBTグループの参加者の1人がどうもやる気がなさそうにしています。個別に聞いてみると，「もう幻聴も聞こえないし，妄想もないので，必要ないと思います」とのことでした。どうしたものでしょうか。

A1 グループの参加目的を再確認

統合失調症のCBTの目的は，参加者がどの病期にいるかによって変わってきます。疾病教育で学んだ病期についてのおさらいも兼ねながら，参加目的を再確認しましょう。この参加者の場合は，グループ参加をより有効な再発予防に役立てられるとよいですね。

表5.1 統合失調症の病期別の治療目標

病期	治療目標
前駆期	早期介入
急性期	早期回復
部分的寛解期（慢性患者）	症状の軽減
寛解期	再発予防

A2 回復のための工夫をほめる

専門家ならいざ知らず，幻聴・妄想というのはわかりにくく，やっかいなものです。それが消失するためにどのような工夫をしたのか，引き出してみましょう。「薬をちゃんと飲んだ」「声が聞こえても無視した」「ストレスをためないようにした」など，いろいろとあるはずです。工夫の一つ一つをほめた上で，その体験を他の参加者と共有することが自分の回復を確かなものにするのにも役立つことを伝えて，参加を促してみましょう。

A3 患者さんに一理あることも……

統合失調症のCBTといっても，内容はいろいろです。幻聴が聞こえる人のためのグループ，陰性症状への対処グループ，妄想の認知再構成グループ，SSTなど。グループの内容とその時点の患者さんのニーズが合っているか確認が必要になることもあるかもしれません。長期グループの場合，ニーズに合っていないことが明らかになったら，区切りのよいところで，"修了"にするのも1つのやり方です。改めて病識や症状のアセスメントなどにも協力してもらい，その結果を根拠に方針を決めるとよいでしょう。治療計画を本人と協働して立て直す経験は，治療への主体的参加を促すことにもつながります。精神病は病状によっては強制入院もあり得るだけに，治療に対しては「どうせ言ってもムダ」というよりも「意見を言ってもいいんだ」と思ってほしいものです。

Q4 「自分は悪くない，相手が悪い」と怒りを爆発させ，認知修正が困難な場合

> 「自分は悪くない，相手が悪い」と繰り返し訴え，セッションの中で強烈な怒りを表明する参加者がいます。テーマはいつも「相手が悪い」という内容で，「相手が悪いから殴ってやった」と平然と語ります。本人のとらえ方にかなり問題があることは明らかなのですが，本人は自分のとらえ方の問題と思える状態ではなく，認知修正が困難です。どうしたらよいでしょうか。

A1　認知修正は先延ばしにし，まずは共感的に話を聴く

このような参加者の場合，すぐに認知修正を行おうとすると，余計に激しく「自分は悪くない」と訴えるようになります。ですから，「そんな環境なら，それほど怒りたくなる気持ちもわかる」など，まずは参加者の話の中に共感できる部分を見つけ，それを伝えるようにします。するとたいていの場合は，そのうち「自分のとらえ方にも問題があるかも」と振り返ることができる状態になってくるので，その時期を見計らって認知修正を行います。そのセッションのスケジュールが認知修正であったとしても，全員がそのとおりにできるわけではないということをリーダー自身が受け入れておくことも必要です。

A2　行動面を検討する

認知修正が困難な場合，先に行動面を検討するほうが入りやすいかもしれません。この場合，「攻撃的な行動はよくない」と伝えるのではなく「攻撃的な行動をとることで，あなたにとってどんなメリット，デメリットがあるか」と問いかけるようにします。すると，攻撃的になることのデメリットに注目することができ，行動面を修正するためのきっかけになります。

A3　コーピングを検討する

怒りを感じたとき，どうすればそれを行動に移さずにいられるか，考えてもらいます。他の参加者からも意見を出してもらい，それを実行します。このようにしてコーピングを増やすことによって，怒りの表出をコントロールできるようにします。

> **Q5** 「認知再構成法なんてやりたくありません。すべき思考は自分の"ポリシー"だから」と言われたら？
>
> これまで仕事もプライベートも完璧にこなしてきたと主張する参加者がいます。確かに仕事では異例の昇進を遂げ，プライベートでも充実しているようです。しかし中年期にさしかかり，うつ病を患ってしまいました。初めて「すべき思考」に気づきましたが，「これは自分のポリシーです。今さら変えたくありません」とおっしゃいます。どうしたらよいでしょうか。

A1　変化を無理強いしない

「ポリシーを変えることが目的ではありません」などと介入して，安心してもらう必要があるかもしれません。慣れ親しんだ考え方を見直す，あるいは変えるというのは，時にはとても不安なものです。また，「考え方を変えるように」と言われたように受け取れば，「自分自身が否定された」と被害的になってしまうこともあるようです。そのような不安や被害感が視野狭窄な状態をますます強めてしまう悪循環に陥らないことが大切ですね。

A2　物事のいろいろなとらえ方を知る

自動思考を「変える」ことを目的とするのではなく，いろいろな観点からの思考の可能性に気づいてもらうというのはどうでしょうか。ここはグループの力が発揮されるポイントでもあるでしょう。他の参加者に同じ場面でどのような考え方をするか，たくさん例をあげてもらいましょう。

A3　いろいろな考え方のメリット・デメリットを分析する

そのうえで，それぞれの思考のメリット・デメリット分析を行って，どの考え方が本人が一番納得のいく思考であるか検討してもらうのもよいかもしれません。あくまでも考え方や価値観を否定したり，逆にある価値観を押しつけたりするのではなく，自分の思考を客観的にとらえて吟味できることを練習しましょう。

Q6 プログラムの進行について参加者から不満が出る場合

「ホームワークの検討に時間をたっぷりとってほしい」「グループワークをしっかりやりたい」「発表時間を長くとりたい」など、参加者がそれぞれのニーズを主張することがあります。誰かの意見を取り入れれば誰かの意見は取り入れられなくなり、参加者の不満はリーダーに向けられます。このようなときに、リーダーとして、どう対処したらよいでしょうか。

A1　その日のスケジュールを参加者同士で決めてもらう

おおまかなスケジュールについてはリーダーが説明します。その後、何に何分使うか、誰が発表するか、1人の発表時間は何分にするかなどを参加者同士で相談して決めてもらいます。

このようにすると、プログラムの進行について、リーダーに不満が向けられることがなくなります。またプログラムの進行についてのリーダーの責任とプレッシャーが軽減し、余裕をもってプログラムを進行できます。

参加者は主体性をもって取り組むことができるようになります。また、自分の意見を言う練習、相手と折り合いをつける練習、話をまとめる練習などができます。このように他の参加者と話し合って自分の意見を主張したり折り合いをつけたりということ自体が、対人関係を苦手とする多くの参加者にとって有効です。まさにグループの中でアサーショントレーニングを実践していることになります。

Q7 「ホームワークのせいで具合が悪くなる」

参加者から，「ホームワークをしようと思ったせいで，この1週間は調子が悪かった。どうしてもやらないといけないんですか」との質問が出ました。その参加者だけに，やらないでいいと対応するわけにもいきません。どうしたものでしょうか。

A1 まず，ほめる

まずはひと言，困っていることを自ら相談した，という対処行動をほめましょう。支援希求は自立生活に欠かせないスキルです。

A2 ホームワークの意味を問いかける

他にもホームワークを負担に感じている人がいるかもしれません。全員にやってもらうのがベターでしょうから，参加者全員の問題として，そもそも何のためにホームワークがあるのかなど，改めて意義を話し合ってみてはどうでしょうか。スタッフががんばって説得すると，強制的な雰囲気になって，スタッフもつらいですよね。ホームワークをがんばっている人から，取り組んでよかった点を話してもらうと，雰囲気も重くならず話し合いやすいですよ。

A3 参加前に約束しておく

そうならないためにも，参加前にきっちりとグループの説明をしておくことが大切です。

セッション参加とホームワークの両方が必要なプログラムであることを十分に理解してから参加してもらいましょう。もし，事前に心配だと言うようならば，こちらでどこまでサポートできるかを伝えた上で参加を検討してもらいましょう。個別対応するスタッフとの連携態勢も必要ですね。

A4 無理なくホームワークをするための工夫を話し合う

「どうしたらホームワークの負担を減らせるか」など共有しやすい問題に整理して，皆で協力して解決にあたってみましょう。皆から解決案やコツを募集し，問題解決技法で検討して，本人に合ったものを選んでもらってもよいでしょう。皆に協力してもらうだけで元気が出る場合もあります。質問した本人に，どんなことが負担になっているのかを確認することも不可欠です。そうすれば，ターゲットとなる認知や行動が絞りやすくなるでしょう。一方でスタッフもよりよいホームワーク設定に向けて検討しましょう。

Q8 セッションの最中にリーダーに対する不満を言われたら？

> セッション中に，参加者からリーダーに対して「もっと上手に司会してほしい」「こんなに頼りない感じでは困る」といったリーダーの司会進行能力から人格的な側面に及ぶような不満が出ました。どうしたらよいでしょう。他の参加者も驚いてグループの雰囲気が凍りついてしまいました。

A1 **大ピンチ？　いいえ，チャンスです。**

　このような場面に動揺しないリーダーはいないでしょう。リーダーが初心者で若ければ，特に自分を責めて，思わず「すみません」と謝り，穴があったら入りたくなる心境かもしれません。なかには怒りを感じて思わず参加者に言い返したくなるリーダーもいるかもしれませんね。

　でも，これはチャンスです。リーダーには，グループをまとめて安全にリードする役割と，参加者と誠実に向き合い思いやりに満ちた態度で支える役割が求められています。他の参加者の見ている中，堂々と誠実に振る舞いましょう。「そうですね，私の至らないところは……でしょう」とリーダー自身も1人の欠点もある人間なのだということを，参加者の前で受け入れてみましょう。決して防衛的にならずに，心穏やかに堂々とした態度で行うことが大切です。

　そしてこう続けます。「おっしゃるとおり，私は完璧とは程遠い人間ですから，セッションの進め方において失敗もするでしょう。そのようなときはどうぞ教えてください。そして皆さんで，どのようにしたらこのセッションが役立つものになるか話し合いましょう！」

　参加者が自由に意見を言える雰囲気を残しながらも，リーダーの個人的な欠点に必要以上に言及せず，一緒によいグループにするための協力を促すのです。

Q9 家族との葛藤や虐待，いじめなど重い話題を話し始めたら？

家族との葛藤，虐待やいじめを受けた体験を話されてしまい，全員が重苦しい雰囲気に包まれてしまいました。「あなたにとって，その体験が重要なんですね。ただ，今はこの作業をやっていますから，申し訳ないですけど」と話を戻したものの，こういう場合，どうしたらよいのでしょうか。

ベックによれば，CBTは問題を認知・行動の視点から概念化し，解決・目標志向的で，現在を強調することを原則としています[1]。また，治療期間やセッションを構造化することも原則です。しかし，同時に，確固たる治療同盟や認知の同定／検討・症例概念化のためには，感情などに焦点を向けることが最重要であり，過去に焦点をあてることが役立つことも主張しています。

A1 構造化のため，治療同盟のため

どんな介入を目的としているのか，どんな構造で行っているのかによって，扱い方は異なるでしょう。しかし，特に集団療法では，構造化を重視することが大切です。回数が決まっており，各回での対処スキルを学んでいくことが重要な集団では，もちろんプログラムの主眼となる取り組みに戻すべきでしょう。けれども，プログラムや時間の自由度があるのなら，ある程度，共感・承認的に受容して聴くことも大切なことです。ただし，あくまで集団の守秘義務がきちんと守られるよう約束されていることが必要です。できれば契約時から，セッションの構造や，このような話をどこまで扱えるのかについて（個人療法など，別途で扱うことも含めて）明確にしておくとよいでしょう。

A2 症例概念化のため

認知行動療法で分析や介入の対象とする認知や行動は，参加者の話そうとする家族との歴史やいじめなどの経験を通して学習されたものでもあります。そのため，参加者が話そうとする内容に耳を傾けることで，コラム法などのある一時点の出来事について横断的に切り取って分析する随伴性モデル（横の流れ）だけでなく，縦断的にスキーマがさまざまな場面で自動思考を生み出しているトップダウン処理（横の流れ）モデルについても検討することができるでしょう。

> **Q10 自分と他の参加者とを比べて落ち込む参加者がいたら？**
>
> 参加者の中で「あの人みたいに考えられない」「あの人に比べたら何もできていない」などと，他の参加者と自分を比べて落ち込む人がいます。どうフォローしたらよいでしょうか。

A1　自動思考を眺め，別の考え方にチャレンジする

これは，CBTで学んでいることを即試す，またとないチャンスだと考えましょう。「あの人みたいに考えられない」「あの人に比べたら何もできていない」などは自動思考にあたるので，その根拠をあげたり，別の考え方にチャレンジしてみます。つまり，認知再構成法をここで使ってみるのです。

A2　話をじっくり聴き，整理する

個別の面接場面を設けて，人と比べてしまうことについて，背景も含めてじっくり話を聴き，整理しましょう。このとき，それまでのセッションで概念化について学んでいたら，それを使って整理するとよいですね。取り組む必要のある問題が見えてくると思います。

A3　行動実験してみる

「自分にもできていることがある」などの別の考え方をあげても，確信がもてない場合があります。そのときは，その考えが正しいかどうかを確かめるとよいでしょう。自分は他者と比べて本当に劣っているのか，自分にもできていることは何かなどを探すように働きかけましょう。

Q11 設定した技法が参加者に合わないとき

認知再構成法をしていて，「この参加者には違う技法のほうが合うんだろうな」と感じることがあります。そんなときには，どうしたらよいのでしょうか。

A1 技法的な問題のとき

集団CBTでは使用する技法を事前に設定していることが多いため，個人CBTのように多様な技法を展開するには制限があります。しかし，集団CBT内でスタッフができる限りの方法で柔軟に対応すれば，設定した技法が参加者に合わなくても，参加者に問題解決のためのよいモデルを提示することになります。スタッフが柔軟な姿勢を示し，参加者にとってのよいモデルになりましょう。

A2 技法以外の問題のとき

参加者の隠された問題を同定するチャンスかもしれません。まず，次のようなことを自分に問いかけましょう。
「いったい，このジレンマを生じさせる問題は何か」
さらに自分に問いかけましょう。
「参加者との治療同盟を築けているか」
「アセスメントは適切か」
「達成可能な目標を適切に設定しているか」
「環境的・身体的問題があるのではないか」
「スタッフの逆転移はないか」
さまざまな角度からのとらえ直しを実行し，問題をみつけたら，実施可能な対策を立てましょう。

A3 実は問題はないとき

もしかすると，患者はゆっくりと変化しているだけかもしれません。時には，スタッフが慌てずジレンマと共存しながらそのまま進めることが効果的であることを，心に留めておきましょう。

第1節　参加者との間で経験するつまずきがちな点　155

Q12　参加者が他の参加者に批判的な発言をしてしまった

「Aさんは他人に自分の意見を押しつけすぎる」「Bさんはそんなことで怒るなんておかしい」「Cさんみたいな考えじゃ，社会復帰してもやっていけない」など批判的な意見が出て，とても険悪な雰囲気になってしまうことがあります。どうしたらよいでしょうか。

A1　プログラムの初回に，ルールについて参加者全員で十分に話し合う

初回のときに，批判的な意見が出ることについてどう思うか，そのようなときどうしたらよいかを参加者に問いかけます。そしてその答えをグループのルールとします。例えば「批判的な言い方はしない」，または「批判を受け入れたり，それに対応したりする練習と考える」などです。

そのようにすれば，リーダーも参加者も，参加者同士の批判的な発言が出ることに対して過剰に不安や恐怖を感じることがなくなります。また，実際に批判的な発言が出るという状況に陥っても，落ち着いて対応できます。

A2　批判的な意見が出たら，ルールを取り上げ，今どうしたらよいか参加者に問いかける

「今このような状況になっていますね。このグループのルールは……でした。さて，今どうしたらよいでしょうか」と参加者に問いかけます。すると批判をした参加者も批判を受けた参加者も，自分がどうすればよいか考えることができます。

Q13 参加者の話が長くて進行の妨げになる

毎回発言が長くて困ってしまう参加者がいます。自分の話を皆に聞いてもらいたい気持ちが強いのでしょう。ワークと関係のない身の上話が続くのです。スタッフとしては聴いてあげたい気持ちもしますが、他の参加者はうんざりしていますし、進行が遅れてしまいます。どうしたらよいでしょうか。

A1 アジェンダを板書して時間を意識しやすく

セッションを始める前に、今日何にどのくらいの時間を使うかを皆で話し合って書いておくと、参加者一人一人に時間を守る意識が出てきます。また、「次はこの活動をするのだ」と見通しをもって臨めるので、スタッフや参加者の安心感が増します。

A2 発言マイク代わりのものを手渡してみる

はじめに決めたタイムスケジュールを途中で忘れてしまう参加者もいるものです。発言を促す際に、「それではAさん、1分くらいでお願いします」といった声かけをするのもよいでしょう。また、全員に発言を促すときには、マイク代わりにストップウォッチをバトンのように回すと、ゲーム感覚で時間を意識できます。

A3 タイムスケジュールを管理するのもリーダーの役割

事前にいろいろな工夫をしても、ひとたび感情的な出来事を話し始めると、やめるのは難しいものです。傷ついたことを泣きながら話している場合にはなおさら、話をさえぎることに抵抗を感じるものです。

この場合、リーダーは「ごめんなさいね」と思い切って割り込み、「まだお話を聴いていたいのですが、最初に皆さんで決めた時間配分を超えてしまいそうです」などと声をかけることが大事です。

もちろん例外もあります。その参加者の話がワークと深く関係していたり、参加者に共通して見られるもので皆が興味を示している場合には、皆で再度時間配分について話し合いをしてみるのもよいでしょう。

参加者のニーズに合わせて、ある程度の融通のきくグループでいることも大事です。

第1節　参加者との間で経験するつまずきがちな点　157

Q14 ドロップアウトや欠席・遅刻が目立つ

特にグループが4人程度の比較的小さな規模の場合は，1人でも欠席したり参加をやめたりすると，グループの雰囲気が変わったり，「どうしてあの人は来なくなってしまったのだろう」などと他の参加者があれこれ推測して不安になったりします。

A1　未然に防ぐ方法

遅刻や欠席，ドロップアウトを未然に防ぐことができれば，それにこしたことはありません。それには，グループの申込み時に「プレセッション」という事前面接や説明会を設ける場合が多いようです。プレセッションで，グループの目的や内容をしっかり参加者に知ってもらえば，参加者の期待しているイメージとのズレを最小限にできます。また，全回参加することを再度確認しておくことで，参加者に責任感が芽生えるでしょう。一方で，病態の悪化や避けがたい用事による遅刻や欠席の連絡方法についても，情報提供を行い，休む権利を保証しておくことも必要です。

A2　フォローアップ

遅刻や欠席が目立ったり，ドロップアウトしたいと打ち明けられた場合には，理由を尋ねてみましょう。「どうしてやめるのですか」と尋ねると詰問のようになりがちで，参加者は責められていると感じるかもしれません。「参加しにくい感じがありましたか」とそっと尋ねてみましょう。この質問によって，もしかすると参加者のグループに対する誤解が解けたり，参加者の傷つきなどを少しでも緩和できるやりとりができるかもしれません。もちろんグループ運営を改善していくための貴重な声をもらうことにもなります。

A3　他の参加者への伝え方

1人でも遅刻するとセッションの流れが止まりがちですし，欠席やドロップアウトがあれば，他の参加者は「もしかして先週私が言ったことを気にしているのだろうか」「このグループの効果に疑問をもってやめたのかな」などいろいろなことを考えるものです。無用な心配やグループの凝集性が損なわれないように工夫が必要です。遅刻や欠席やドロップアウトの連絡を受けた場合，「皆が心配するといけないので，理由を皆さんにお伝えしてもいいですか」と許可をもらって，セッションの冒頭で「今日はAさんは風邪でお休みです」などとお知らせしましょう。他の参加者だけなく休んだ当人も戻りやすくなる工夫といえます。

> **Q15** 「頭ではわかるのですが，心ではピンとこない」と言われたら？
>
> 　対人場面で常に緊張してしまう参加者がいます。「人の評価を気にしすぎてもしょうがない」というような適応的思考を考え出すことができますが，その参加者は「頭ではこの適応的思考が正しいことはわかるけれど，心ではピンとこない」と言います。どうすればよいのでしょう。

　このように，適応的思考を作ることができても効果が見られない場合に，ベックは以下のようなことが原因ではないかと述べています[2]。
○まだ把握されていない，もしくは詳細に検討されていないより重要な自動思考やイメージが残っている。
○検討が表面的で，十分ではなく，本人が納得できていない。
○自動思考それ自体，もしくは背後にスキーマや信念がある。

　そして，それぞれについて，さらによく検討することで解決可能だとしています。
　また，その参加者にとって認知や行動を変容することがどのような感情や感覚，ひいては体験，欲求，期待，価値，関係性などの変化を引き起こすのかを分析すること（機能分析），そのためにしっかり傾聴することが大切です。

A1 　**自動思考が，現実にそぐわない認識上での幻想である場合**
　参加者が，「人前では，自分は緊張して赤面し動悸が激しくなり倒れてしまうだろう」や「人は私の駄目な部分を見破って悪い評価をする」という自動思考をもっている場合には，その妥当性・有効性の検討や行動実験が動機づけられます。例えば，「緊張による赤面や動悸は普通の範囲なのか。本当に倒れてしまうのか」「人が自分に評価を下すことのできるほど詳細に自分を観察しているのか」といった検討や実験です。ネガティブな思い込みのままだった文脈をもう一度客観的に見ることで，変えられる可能性が出てくるからです。

A2 自動思考が自己の脆弱性と一致しており，強烈なつらい感情を引き起こす場合

　しかし，参加者が「私は，無条件で受け入れられず，敵意を向けられる」「うまくできず，どうしてよいかわからない」というスキーマや信念を自動思考の背後にもっている場合には，妥当性の検討や行動実験をするにしても，強烈な悲しみや恥，みじめさなどの感情がついてまわります。つらい感情が生じてしまう背景への共感・認証や，それでも自分にとって価値のある方向に向かいたいという納得や動機づけが欲しいでしょう。治療者が強化子となったりしながら，「昔から人前で緊張し，偽りの自分でいたけど，本音の私の反応や行動は決しておかしく恥ずかしいものではなく，1人の人の当然の主張として尊厳をもっていいんだ」というような実感をもってもらうことが必要かもしれません。

Q16 「私は完璧主義をなおすつもりなんてありません」

認知再構成法をしているときに、参加者が「私は完璧主義をなおすつもりなんてありません。仕事は完璧にやるものです。適当になんてやっていたらクビになってしまいますよ」と言いました。スタッフとしても「たしかにそうだよなあ」と同感してしまい、これ以上どう変容させたらよいものかわからなくなりました。

A1 スタッフ自身の考え方の癖に注意

スタッフ自身にももちろん考え方の癖やスキーマがあるでしょう。そのこと自体は問題にならないのですが、参加者と似た考え方の癖をもっている場合には注意が必要です。というのも、この例のように、「自分の考え方の癖と似た参加者の傾向には気づきにくい」からです。参加者とスタッフがお互いに同じ落とし穴に入ってしまうようなものです。

そのような事態をなるべく避けるためにも、スタッフ自身が日頃から自分の考え方の癖やスキーマの傾向についてよく自己分析しておくことが必要です。スーパーヴィジョンはとても有効な方法でしょう。

A2 結果どうなっているかに注目

「仕事は完璧にしなくてはいけない」と考えた結果、どのようなことが起こっているのかを振り返ってみるのは、変化への第一歩でしょう。「仕事を完璧にしなければならない」と考えることのメリット・デメリットを紙に書き出してみましょう。「完璧にしなくては」と考えて、その結果、プレッシャーを感じ仕事の能率が落ちているのか、それとも、仕事の業績を上げているのかでは大きな違いがあるでしょう。

デメリットがメリットを上回るような望ましくない結果が出ているとすれば、完璧主義を修正する必要がありそうです。完璧主義を完璧に捨てると考えるよりは、少しでもメリットを増やすことのできるような考え方へと手を加えるために、「……したほうがよい」とか「……の場合には……すべき、でも……の場合にはそうでもない」のように修正するとよいでしょう。そのことで結果的に仕事の生産性が高まるとすれば、参加者も納得するのではありませんか。

Q17 発達障害圏の人に CBT をする際，どんなことに考慮すべきか（1）

> 発達障害の参加者で，話し始めると止まらなくなってしまう人がいます。話が堂々巡りで，スタッフも混乱してしまいます。他の参加者の発言時間がなくなるので，もっと話を短くしてほしいのですが，どうしたらよいでしょうか。

A1 「話が止まらない」ことをアセスメントする

「話が止まらない」には，どのような障害特徴が関与しているのでしょうか。中枢性統合の障害（細部に注目してしまい全体像を把握しにくいこと），注視の問題など，さまざまな特徴が考えられます。まずリーダーが発達障害の特徴を認識しておくことが必要でしょう。もう1つは，「話が止まらない」の機能を分析することです。どのようなきっかけで，「話が止まらない」が生じ，どのような結果を生むのかを明確にします。そこから，「話が止まらない」がどのような役割を果たしているのかを知る必要があるでしょう。

A2 何について話しているのかを明示する

話のテーマを明示してみてはどうでしょうか。ホワイトボード，ポスターなど視覚的教材を用いて示してもよいかもしれません。

また，リーダーは，曖昧な質問は避け，何を聞かれているのかがわかりやすい，明確な質問を心がけましょう。（例）「……はどうですか」よりも，「……について，よいと思ったことを教えてください」

A3 早めに話を止める

時には，リーダーが率先して，話を止めることも必要でしょう。くどくどと弁解をせず，シンプルな介入が求められます。また，言葉で止めづらい場合は，話を止めるサインなど，言葉以外の方法を話し合っておくのもよいでしょう。

Q18 発達障害圏の人にCBTをする際，どんなことに考慮すべきか（2）

セッションの最中，批判ばかりする発達障害の参加者がいます。言い争いにまではならないのですが，他の参加者が萎縮してしまいます。本人はまったく悪びれた様子もないので困っています。

A1 辛口な批評家？

発達障害の障害仮説の1つに，「心の理論の障害」があります。これは，相手の感情や意図を推し図るのが難しいというものです。ゆえに，本人としては意見を言ったはずなのに，単に辛辣な批判になってしまうことも起こり得るでしょう。「まったく悪びれていない」というように，ご本人も「批判」になっていることに気づいていないかもしれません。

「心の理論の障害」は，論理的思考力，補助的手段の活用によって，いくぶんか代替されるといわれています。リーダーは，障害特徴を理解し，それに応じた配慮が必要でしょう。

A2 具体的なルールの設定

「他の人の批判をしない」など，グループでルールを設定してみてはどうでしょうか。そして，ルールによる制限を加えるだけでなく，「批判」に代替する方法を本人と話し合うことも必要でしょう。

A3 「批判」についての教育的介入

一般常識を根拠に，「批判」の意義や役割を説明してもよいでしょう。情報量は必要最小限に，明確な論理で説明することが求められます。

（例）「……の場面で，……という言い方は批判ととられます。批判は，他の人に嫌われて損をします。だから，……のように言いましょう」

Q19 教育現場で行う際の留意点

私はスクールカウンセラーとして中学校に勤務しています。中学生を対象に集団CBTを行おうと思っているのですが，どのような点に注意すればよいでしょうか。

A1 クラスなど日常生活の人間関係がもちこまれる可能性

クラスや部活などですでに築かれている人間関係が，グループの中でも再現されるでしょう。例えば，グループ内に同じクラスのちょっと苦手な生徒がいてそのため話しづらいとか，同じ部活の先輩がいて，部活内の人間関係については話しにくいといったことです。ある程度の配慮が必要でしょう。

しかし，完全に参加者の所属が重ならないようにしようと思っても，それは不可能に近いことでしょう。グループセッションに知り合い同士が居合わせてしまった場合には，その場で扱う話題について事前面接などで検討しておくとよいかもしれません。もしくは，架空の事例について皆で話し合うといった方法であれば，より安全に話し合いを進めることができるでしょう。

A2 対人関係に敏感な思春期への配慮

プログラム終了後，参加した生徒同士が偶然会うなど，セッション外で接触しないとも限りません。そのような場面を「気まずい」と思う生徒も少なくないようです。また他の生徒に電話番号を聞かれて，その後もしつこくされるといったこともあるかもしれません。

グループのルールを参加者で決める場面を設け，「このセッションが終わって廊下で会ったとき，どうすることにする？」などとこちらから積極的に話題にして，一定のルールを決めたり対処法を考えさせておくとよいでしょう。

Q20 動機づけの低い参加者がグループセッション中に不満を表明した場合

「あまり参加したくない」「主治医から出るように言われたからしぶしぶ参加している」など，動機づけの低い参加者がセッション内で不満を表明したとき，どう対処したらよいでしょうか。

A1 今，参加できていることに焦点をあてる

いったん受け止めたあと，「それでも今こうして参加されていますね。何か思うところがあるのですか」など，今参加できている点に焦点をあてて話を発展させるのもよいでしょう。

A2 焦らず，いったん話を受け止め，個別面接へ

スタッフとしては一瞬戸惑いますが，冷静に「そう思って参加されているのですね」と，まずはいったん受け止めます。他の参加者の様子を見て，特に同様の不満が出てこないのであれば，その場で取り上げず，のちに個別面接の場を設けて話を聞くとよいでしょう。

A3 参加への不満をセッション内で話し合う

同様の不満が他の参加者からも出てきた場合，それをセッション内で話し合うとよいでしょう。集団CBTに参加したくないのはなぜか，参加することのメリットとデメリットは何かなどを話し合うようにします。

Q21 ホームワークの出し方

ホームワークの出し方にどのような工夫をするとよいですか。また，その確認はどうしたらよいですか。

A1 セッションで学んだことで達成可能なこと

基本的にその日のセッションで学んだことの中で，全員が達成できると思われるものを出します。一歩踏み出せばできるというものがあったとしても，まずは「調子が悪くなければ基本的にはできる」と思われるものを出すようにします。「やれた」という成功体験を踏めるように工夫します。

A2 共通してできるものと一歩踏み出せばできるものとの2段構えで

本来ホームワークは，個人に合わせて出したほうがよいのですが，グループの場合，どうしてもその対応が難しくなります。そこで，「グループ全体で共通してできること」と，「少し努力すればできること」の2段構えで出すとよいと思います。その場合，前者は全員ができ，かつ余力のある人は後者もできるということになるでしょう。

A3 ホームワークの確認は必ずする

次のセッションのはじめに必ずホームワークについて確認しましょう。次回に確認しないと，患者の動機づけが下がる可能性があります。簡単な報告でもよいので，毎回取り上げるようにしましょう。

Q22 セッション中に学んだことが現実場面でできていない

セッションの中では，適切な意見が出せているし，ロールプレイも上手。でも，日常生活の中ではイマイチそのスキルが生かされていない参加者がいます。「あ，忘れていました」「そんなことも言っていましたね」などと，グループ内でやっていることが結局うわべだけの理解になっているような気がします。どうしたら，日常生活に取り入れられるでしょうか。

A1 練習といえども真剣です！ 練習場面と現実場面がどれだけ忠実に再現できるかがカギ！

例えば，現実では緊張場面の設定なのに，練習でほんわか和やかムードでは，練習の効果が落ちてしまいます。また，相手役が必要な場合には，想定している相手になるべく近いキャラクターを演じることが必要です。そのために，まず十分な情報収集をしましょう。いつ，どんな環境で，どんな相手に，どういったことをどんなふうにやっていきたいのか。そして，練習する際にはスタッフもできるだけ忠実に再現できるように手伝いましょう。

A2 強化環境をうまく活用しましょう

グループセッションで上手にロールプレイができるのは，同じ境遇の仲間の前で安心しているからかもしれません。裏を返せば，それだけ仲間関係が築けているのでしょう。

そこで，そのような信頼関係を利用して，他の参加者に実際の場面でも協力をお願いしてみてはいかがでしょう。

「Aさんは，あなたにほめられるとすごく自信がつくみたい」

「Bさんが立ち止まったときに，そっと声をかけてあげると，Bさんもうまくいきそうよ」

グループの強化機能を広く利用してみましょう。

A3 現実場面で意識しやすいような目印を作る

「いつも目にするところに目標を記した紙を貼る」「課題を実践する日や時間になったら，携帯電話のアラーム機能で知らせるようにする」など，現実場面で意識できるような工夫を一緒に考えてみましょう。

第2節 スタッフとの間で経験するつまずきがちな点

1. リーダーだけが疲れてしまう場合

　集団CBTをリーダーとして運営していると，疲れてしまうことがあるかもしれません。プログラムの前日になると緊張して眠れなくなり，セッションが終わると，ぐったりするほど疲れるといった感じです。この疲労感が積み重なると，プログラムの効果に影響したり，プログラムを続けていくのが難しくなったりするでしょう。

(1) コリーダーと協力する

　コリーダーがいる場合には，役割を分担してみましょう。そして協力体制を見直してみるとよいでしょう。リーダーはタイムキーパー，全体を見る役割をします。コリーダーは参加者個別のフォローと，リーダーのフォローをします。例えばリーダーの指示がわかりにくかったときや進行が速くてついていけない参加者がいたときに知らせるなどです。リーダーとコリーダーが互いに助け合ってフォローする体制を作ると，リーダーの負担を少し減らせるかもしれません。

(2) セッションの最中に5つ数を数える

　集団CBTの進行スピードは，自分では遅すぎるかなというペースでちょうどよいでしょう。セッションが終わるとぐったりするほどにリーダーがエネルギーを使っているとき，知らず知らずのうちに早口になっている可能性があります。そんなときこそ，5秒ゆっくり数えて間をとり，落ち着きましょう。

(3) 原因を分析する

　セッション後にぐったりしてしまう原因として，次のようなことが考えられます。思いあたることがないか，よく分析してみましょう。

○完璧なリーダーであろうとしていませんか。
○苦手な参加者やスタッフがいませんか。
○他の業務が多すぎて余裕がないのではありませんか。
○実力以上の支援をしなければならないと意気込みすぎていませんか。
○参加者がなかなか回復しないことで，焦ってはいませんか。

2．スタッフの負担感が大きい場合

　時には，リーダーのみならずスタッフ全員がプログラムの運営に疲れてしまうこともあります。そのような場合には，次のお話が役に立つかもしれません。

　部屋の掃除がとてもおっくうだと思っている女性がいました。その女性は掃除機を持っていましたが，とても重くて持ち運びがつらいのだそうです。さらに掃除機は物置の奥に保管されていて，手前に並ぶものをよけなくては取り出せませんでした。いったん掃除機をかけ始めても，部屋から部屋へと掃除を進めるたびにコンセントを差しかえなければなりませんでした。そこで，まず女性は掃除機を軽いものに買いかえました。それから居間の目につく場所に置いておき，長い延長コードを買いました。すると，女性は以前よりも掃除がおっくうだと感じることは少なくなり，よく掃除するようになったそうです。

　この話では，掃除をするまでに必要な面倒な工程を減らすことで，掃除をする行動を増やすことに成功しています。
　この話と同様に，集団CBTに必要な準備が複数の工程を要するものであればあるほど，準備の負担感は増すことでしょう。例えば，セッションごとに重いホワイトボードを別の部屋から移動させ，プリントを印刷して持参し，筆記用具も持参して，カップも別の部屋から……とざっと並べただけでも準備物は多く，一度に運べそうにありません。さらにほとんどの備品が他の部屋に保管されていることで準備工程が増えています。これでは，セッションごとに面倒くささがつのりそうです。プリントは全セッ

ション分をあらかじめ印刷しておき，冊子にして参加者に渡すか，まとめて印刷したものを実施する部屋の戸棚に置いておくとよいでしょう。どうしてもセッションを実施する部屋に置けない場合でも，筆記用具とテキストとカップなどは「集団CBTセット」としてなるべく1カ所に保管するようにしましょう。そして複数のスタッフで運営している場合には，スタッフ全員が取り出せる場所に保管し，皆がその役割を交代で行えるようにできればベストです。

　くれぐれも「面倒だけどがんばろう」と精神論だけで乗り切ろうとせず，合理的な工夫をしてみましょう。そのことが，将来あるかもしれないグループの担当引き継ぎの際に非常に役立ちます。

3. スタッフミーティングの時間を作れない場合

　スタッフでプログラム中に起きたことについての振り返りやプログラムの改善点について話し合いたいとき，時間を合わせて集まるのはなかなか難しいものです。どのようにスタッフミーティングの時間を確保したらよいでしょうか。

(1) プログラム導入時の工夫

　プログラム立案時に，プレミーティング，アフターミーティングの時間も含めた時間をプログラムの時間として設定しておくことができます。例えば，セッションの時間が60分ならミーティングの時間を加えて90分として調整します。別の空き時間に実施しようとすると，職種が違えば忙しい時間帯が異なっていたりして，時間を合わせることが難しいと思いますが，プログラムの時間として開始時から設定しておくと時間が確保しやすいでしょう。また，プログラムの直前・直後なので，スタッフの動機づけや記憶も明確となりやすく，意見が出やすく，よい話し合いができると思います。

(2) すでに動いているプログラムの場合

 a. 他のミーティングの利用

　職場の定例のスタッフミーティングなどがあれば，その中で，プログラムに関することを議題にあげることもできるのではないでしょうか。もちろん，主催者（議長）や職場長の許可が必要だと思いますが，スタッフミーティングの機会を確保するとともに，グループに直接かかわることのないスタッフとの情報共有も可能になるのでお勧めです。

 b. スタッフミーティングの形式の工夫

　スタッフミーティングの目的が明確であれば，必ずしも全員で集まって行うことにこだわらない方法もとれます。例えば，参加者と同じ方法でフィードバックを得ることができます。グループセッションの最後に参加者にフィードバックとして感想を言ってもらうとか，フィードバック用紙に記載してもらうことが多いと思いますが，その時間を利用して，スタッフからも同様にフィードバックをもらうことができるでしょう。そうすることで，参加スタッフがどのようなことを感じたり，疑問に思ったり，改善の可能性を考えたりしているかわかるでしょう。それについて，個別にそのスタッフとさらに詳しく話し合うことができるでしょう。また，病棟やデイケアでの申し送りやメールなどを利用して，全員と共有することができるのではないでしょうか。全員で集まってミーティングすることが難しいなら個別に話し合ったり，メールや申し送りノートなどを使っての話し合いや情報共有をしたりすることもできるでしょう。

 c. 勤務時間外の勉強会という設定

　職場によっては難しいかもしれませんが，グループやCBTに関する勉強会を開くこともできるでしょう。勤務時間外に設定できれば，参加したくても業務のために参加できないということは避けられるでしょう。筆者（菓柴）は，精神科病棟で日勤帯を避けて何度か実施したことがあります。管理者の理解が得られれば超過勤務として認められることもあるでしょう。プログラムについて，興味があるスタッフが参加を希望してくれるので，

コアスタッフのリクルートにも役立ちます。また，勉強会という場であるので，直接実施しているグループへの要望と違った視点から，質問や意見が出やすいかもしれません。

(3) その他

参加者に対してと同様ですが，何か意見や感想をもらった際に，必ずそれに対してお礼を言うようにします。そして，その意見について，どのような工夫ができそうか，意見によって改善されたこと，助かったことをそのスタッフを含め，参加スタッフ全員にフィードバックしましょう。意見（特に改善点やネガティブなこと）を言ってもらうことがプログラムをよくしていくために非常に重要であるということがスタッフに伝われば，スタッフミーティングというオフィシャルな場でも，個人的な会話の中でも，たくさんの役立つ意見が聞けることでしょう。

4. スタッフ研修を行う必要がある場合

集団CBTのスタッフ増員で新規のスタッフを迎える際にはスタッフ研修が必要となります。たいていは研修というほどおおげさなものではなく，引き継ぎや簡単な説明だけが行われるようです。しかし，新しく入るスタッフがCBTについてほとんど初心者である場合や集団療法をほとんど経験したことがないという場合には，ある程度まとまった時間を割いた研修が必要でしょう。

スタッフ研修を行う際には，目的についてあらかじめ明確にしておくことが大切です。スタッフの集団CBTに関する知識や経験はどのくらいか，基礎的な内容の習得までにとどめておくのか，ロールプレイを取り入れた実践的な研修まで行うのかなど，よくイメージしておきましょう。スタッフ研修のために用意できる日程と時間，スタッフの人数と場所によっても，何をどこまで行うかが決まってくるでしょう。

また，スタッフ研修を行うための講師についても頭を抱えるところです。自ら講師を務める自信がない場合には，すでに行われている外部研修を利用しましょう。筆者（中島）もすでに国内で行われているワークショッ

プをスタッフ数名と受講してきました。そこでCBTの基盤となる知識を得ることができました。こうして基盤を作ったあとに，各相談機関独自に作られているプログラムの目的や各セッションにおける到達目標，進め方の詳細について研修を行うとよいでしょう。

以下に，筆者が肥前精神医療センターにて行ったスタッフ研修の概略を紹介します。

対象：すでに集団CBTもしくはCBTに知識のあるスタッフ数名と，
　　　CBTのことを学習するのが初めてであるスタッフ数名
日程：1回2時間×5回
内容
　前準備：認知療法学会ワークショップを受講
　1回目：スタッフ自身の考え方の歪みを知る（認知再構成法を体験
　　　し，自分自身で効果を実感する，また，治療者としての自分の歪
　　　みを認識しておく）
　2回目：認知療法でのつまずきがちな点（1回目に行ってみて記入
　　　が難しかった点について話し合う，他の技法についても講義し，
　　　体験する）
　3回目：集団認知療法の実際（ロールプレイを行って，リーダーや
　　　コリーダーを体験する）
　4回目：リラクセーション演習（呼吸法）（リラクセーションを行う
　　　意義について講義し，呼吸法を学ぶ）
　5回目：リラクセーション演習（講師を招き，ヨガを学ぶ）

研修を通して，スタッフが集団CBT運営に対して多少の安心感や自己効力感をもてるように工夫したいものです。

また，人事異動が頻繁に行われるなどスタッフが固定して確保できない施設では，スタッフマニュアルを作成することをお勧めします。スタッフマニュアルには，テキストや筆記用具などの準備物から，各セッションの

> 目標：心理教育
> ①グループの目的とルールの確認
> ②認知と感情の関係について理解する
> ③自分のプログラム終了後のなりたい自分像を具体的な行動レベルでもつ
> ④自分の認知の歪みに気づく

時間	全体の流れ	リーダー	コリーダー
13：00 13：30	プレミーティング 担当の確認 出欠を聞きながら 席配置	○ホワイトボードに全体の流れを書く	○ウォーミングアップの準備（自己紹介のネタ：他己紹介，名前＋○，何月生まれ順に並ぶ）
13：30	ウォーミングアップ：紹介（15分） 前回のホームワークの確認：なし	○ウォーミングアップの説明。	○盛り上げる。
	p.1＊「この本は」を参加者に読んでもらう（2分）	○参加者にあてる。	○近くの参加者が集中できているかを見ておく。どこを読んでいるか教える。読めない漢字を教えるなど援助。
	p.2＊ スケジュールの確認：日付を書き込む（1分）	○日付を言って書いてもらう。	○聞き漏らしがないかチェックする。
13：50	p.3＊ 目標設定：(15分)	○参加者に文章を読んでもらう。 ○行動面の目標であること，6週間後にできること，例をあげて説明。よい例：以前なら3日落ち込んでいたことが1日ですむ／わるい例：前向きになる，自分を愛せるようになりたい。 ○目標発表を促す。似た目標の参加者がいたら，「○さんと似ていますね」など一体感をもてるような声かけを行う。	○担当参加者の目標を観察可能な認知・行動レベルに落とす。 ○浮かばない現状を聞き，それがどうなればよいかを話し合う。抽象的な目標の場合，そのときどんな行動に至りそうか，どんな目標にしたら6週間後自分でチェックしやすいか。しっかり絵が描けるくらいまでイメージさせ共有，共感する。

＊『私らしさよ，こんにちは—5日間の新しい集団認知行動療法ワークブック』（中島美鈴著，星和書店，2009）使用。

目標，時間配分，リーダーとコリーダーの役割を書いておくとよいでしょう。この際，重要なポイントはなるべく「具体的な行動」として書いておくことです。また，多職種でグループを運営する場合には，多職種のスタッフでマニュアルを作成するとよいでしょう。職種固有な表現を避けることができ，広い視野からマニュアルを作成することができるため，誰が見ても使いやすいマニュアルになるからです。

p.173の表が，スタッフマニュアルの一例です。

5. 多職種で協働する場合

集団CBTを運営していくとき，どのような職種，または専門職が行ったらよいのか，あるいはある専門職が単独で，それとも多職種で協働して行ったほうがよいのか，今のところ何も定まったものがないというのが現状です。筆者の知る範囲では，主に臨床心理士，あるいはまれに看護師が中心となって，医師との協働（協働の程度はさまざま）により運営しているケースが多いように見受けられます。この場合，臨床心理士同士あるいは看護師同士でリーダー，コリーダーを担当することが多いと思いますが，なかには，臨床心理士がリーダー，看護師がコリーダーを担当しているケースもあるようです。いずれにしても，まだ国内では実施できる専門家が少ないのが現状ですから，何とか今いるスタッフでやりくりして実施しているというのが実情かもしれません。

昨今，医師不足や医師の偏在，医師の業務量の増大などを背景に，医療現場の危機的状況が取り沙汰されるようになり，多種多様な医療スタッフが各々の高い専門性を前提に業務を分担しつつ連携を図りながら医療を提供する，いわゆるチーム医療の推進が求められてきています[4]。チーム医療の推進には，各医療スタッフの専門性の向上と役割の拡大，医療スタッフ間の連携・補完が必要とされており，精神医療でも同様といえます。このような背景の中，集団CBTについても，チーム医療における多職種協働において，臨床心理士や看護師などが中心的役割を担いつつ進めていくことが求められていると考えます。

集団CBTをこのように多職種が協働で行う最大のメリットは，何といっ

ても多くの患者の回復や再発防止にこれまで以上に貢献できるという点です。現在，集団CBTに対する患者のニーズは高まっていますが，それに十分応えきれてはいません。そこで，医療チーム内の多職種が集団CBTの知識・技法を学び習得できれば，集団CBTの運営上の役割分担が可能となり，実施施設がもっと増えるのではないかと予測されます。

しかし，このような体制を整えるのは簡単なことではありません。それぞれの職種の専門性をベースにどのように集団CBTのトレーニングを積むか，また専門性を生かしながら，集団CBTでの役割をどう分担し，どのように連携を図るのかなどの課題があります。また同時に，国内での集団CBTの標準化を進めていくこと，集団CBTの診療報酬化という点についても考える必要があると思います。

チーム医療における多職種協働は，昨今の医療情勢から，今改めて注目が集まっている感があります。その中で，集団CBTは多職種協働が実現しやすい治療の1つとも考えられます。筆者は，今後，集団CBTが精神医療の中で根づくためには，多職種がそれぞれの専門性を高め，役割の拡大を図りながら連携していく，多職種協働という取り組みを進めることが必要ではないかと考えています。

第3節　組織との間で経験するつまずきがちな点

1. 集団CBTに参加しない専門職との間で

集団CBTの参加者に対して，グループセッション外で複数の専門職がかかわっている場合が多くあります。少なくとも主治医，入院中にはさらに病棟の看護師，ソーシャルワーカーや作業療法士や臨床心理士などがかかわります。時には参加者の休職先の上司や役所の関係者，学校や施設の関係者など，もっと多くの専門職がかかわっているかもしれません。

このような場合，グループセッション内でどのようなことが行われているかをある程度他の専門職と共有することが必要となります。守秘義務の

考え方は，治療機関やその参加者との関係によってさまざまであるため，情報共有には慎重な姿勢が必要です。

とはいえ，主治医に対しては必ず情報を共有するようにしておきます。これは参加者にも説明して理解してもらいます。主治医が院内の場合には，カルテや直接話し合うことで情報が共有できますが，他の医療機関から集団CBTプログラム参加のために紹介された参加者の場合にはなかなか難しいところです。紹介状のお返事だけでなく，グループセッションが終了する頃に報告書をお送りするのも丁寧でよいでしょう。また，もっとタイムリーに情報を共有するためにプログラムで使用しているワークブックやホームワークのシートを主治医にも見てもらうとよいでしょう。

集団CBTは，多くの場合，回数が限定されたセッションとなるわけですから，プログラム終了後もスムーズにこれまでの主治医との治療や病棟での治療に戻ることができるよう配慮した情報共有が必要です。

2. 途中参加やさまざまな疾患の患者を対象とするよう要請があった場合

集団CBTを行う際には，単一疾患で他の疾患が重複していない参加者，できれば社会背景や年齢や性別が似ている参加者を募集すると効果が上がりやすいといわれています。グループの中で参加者同士が似ていると凝集性が高まりやすく，それが治療効果を上げるからです。また，スタッフとしても進行しやすいのです。

しかし，実際の臨床現場では，さまざまな重複疾患を抱え，さまざまな社会背景をもった，いろいろな年齢の参加者が多くいます。小規模な施設で集団CBTを行おうとした場合，除外基準を多く設けすぎて参加者が誰も集まらなかったという本末転倒な話もよく聞きます。

また，他のスタッフからは「クールの途中からでも参加させてあげてほしい。この患者さんはもうすぐ退院してしまうから今のうちじゃないといけないのよ」「この方はうつではないんだけれど，よくマイナスにばかり考えている。CBTが向いていると思うんだけど，入れてもらえないだろうか」といった要望が出されることも多いでしょう。

このようなとき，グループのスタッフとしてどんな選択をするべきで

しょうか。あまりにもバラバラな背景の参加者ばかりでは，話題が合うのだろうかと心配でしょう。かといって厳密な基準で参加者を選んでいては1名か2名しか参加できず，これではその組織に役立つ治療方法とはいえません。こうしましょうという正解はありません。

　所属の施設で大部分を占める疾患名，もしくは治療の受け皿を失っている一群の疾患名と，自分がグループの対象にしようとしている疾患名は合致しているでしょうか。基準が厳密すぎないでしょうか。反対に，自分のグループ運営能力を超えるほど多くの範囲の参加者を受け入れようとしていないでしょうか。また，どのような条件がそろえば，広い範囲の患者さんを受け入れることができるでしょうか。スタッフの増員でしょうか，グループのルールの変更でしょうか。建設的に考えてみる価値があるでしょう。

　間違っても，これらを十分に考慮せずに，一律に受け入れを断ったり，反対に受け入れてばかりになったりすることは避けたほうがよいでしょう。

3. 管理職のニーズとの間にずれがある場合

　集団CBTを始めようとするときに，よくぶつかる壁の1つに，経営や組織としての管理を担っている管理職と現場の対人援助職とのニーズの違いがあります。看護師，臨床心理士，作業療法士，医師などの直接患者さんやクライエントと接する対人援助職のスタッフは，目の前にいる人を助けたい，少しでもよい治療をしたいと願うことが多いでしょう。一方管理職はそれだけではなくて，病院や施設の経営状況，公平性，組織としてのあり方など，多くの側面に責任をもっています。ですから，現場の対人援助職と管理職とのニーズのずれはいわば，あたりまえに起こることといえます。むしろニーズの違いがなければ組織として成り立たないといっても過言ではありません。

　とはいえ，このニーズの違いが平行線のままでは，せっかく始めたグループが組織の中で認められることは難しいでしょう。ニーズの違いを受け入れつつも，徐々に違いを埋めて歩み寄る必要があります。一見まっ

たく違って見えるニーズも，実は同じ延長線上にあるということもあります．例えば，現場の対人援助職の1人は「管理職はいつも経営のことばかり気にしている．質のよい治療をすれば患者さんはもっと増えるのに！」と思っていたとしましょう．そして管理職のニーズは，「お金も人手も必要な，訳のわからない新しいグループなど始めなくていいのに．確実にお金になることをしてほしい」であるとしましょう．この場合，歩み寄るゴールは，「グループで治療成績を上げて，結果的に患者さんが増えて経営がよくなる」でしょう．決して「経営はさておき，よい治療をしよう！」ではないのです．

文献（第5章）

1) ベック，J. S.：Cognitive Therapy Basics and Beyond. Guilford Press, 1995（伊藤絵美，神村栄一，藤沢大介 訳：第1章 はじめに，第7章 感情を把握する．認知療法実践ガイド 基礎から応用まで—ジュディス・ベックの認知療法テキスト．星和書店，東京，2004）
2) ベック，J. S.：Cognitive Therapy Basics and Beyond. Guilford Press, 1995（伊藤絵美，神村栄一，藤沢大介 訳：第8章 自動思考を検討する．認知療法実践ガイド 基礎から応用まで—ジュディス・ベックの認知療法テキスト．星和書店，東京，2004）
3) Hayes, S. C., Follette, V. M., Linehan, M. M.：Mindfulness and Acceptance. Guilford Press, 2006（春木豊 監修，武藤崇，伊藤義徳，杉浦義典 監訳：マインドフルネス&アクセプタンス—認知行動療法の新次元．ブレーン出版，東京，2005）
4) 厚生労働省：第11回「チーム医療の推進に関する検討会」，2010年3月19日

第6章
集団認知行動療法を続けていくために

　せっかく始めた集団CBTも，続けていかなければ役立つプログラムとして定着はしません。しかしながら，「続けていくこと」は思った以上に難しいものです。この章では，集団CBTが続かない理由と続けていくための工夫を紹介します。

第1節 集団CBTが続かない理由

　心理的問題を改善しようとする試みは非常に困難な作業です。当然，集団CBTを長期にわたって続けることは簡単ではありません。また，何らかの問題が生じたとき，それが目に見えやすい問題であれば対応しやすいのですが，一見してわからないような問題であると対応が難しくなるでしょう。

　集団CBTにおける見えにくい問題として，グループ力動とスタッフ自身の心理状態をあげることができます。この2つの要因は互いに関連しており，治療的に作用するときもあれば，反対に阻害要因となることもあります。

　この章では，グループ力動とスタッフ自身の心理状態という2つの要因がグループでの試みをいかに困難にさせるのかを振り返り，その上で集団CBTを続けていくための工夫を考えます。

1. グループ力動の問題

　集団CBTでは，個人の問題に焦点をあて，構造化された手続きを遵守しながらセッションを進めることが基本です。その過程でグループ力動を利用することはありますが，直接的にグループ力動に介入することで個人の問題を解決しようとはしません。しかし，そこに個人が集まって集団が形成されると自ずとグループ力動が生まれて，何らかの問題に発展することがあります。このため，グループの状態に気を配りながらセッションを進める必要があります。

　セッションの経過ごとにグループ力動の問題をまとめると，次のようになるでしょう。

(1) 集団CBT開始時期に見られる問題

　集団CBTには，動機づけが明確で問題解決を期待する方ばかりが参加するとは限りません。集まった参加者には，「周囲の人から参加するよう

に勧められたからしかたがない」と乗り気でなかったり,「本当に悩みを解決できるのか」と疑問に思っていたり,「他の人からどのような目で見られるかわからない」と不安を感じていたりするでしょう。そのため,参加者はグループ内で沈黙を続けたり,過敏になったり,従属的になったりします。そうした個人の反応はグループ全体の雰囲気を萎縮させます。さらに,その雰囲気が再び個人にストレスをかけ,参加者はグループに対する否定的な認知をもつようになります。ストレス耐性が低い参加者であれば,グループにいることが困難となり早々にドロップアウトするでしょう。

(2) 問題に焦点をあてる時期に見られる問題

参加者は自分自身の問題に取り組むことで,それまで見えなかった問題や気づきたくない問題を意識することになります。それは参加者にとって,自らの問題が白日のもとにさらされ,それに直面しなければならないことを意味します。自らの問題と対峙するとき,「他の人と比べて自分は劣っているのではないか」と否定的な認知が生じることや,「この方法は私に合わない」と抵抗感を示す参加者が出てくるでしょう。

また,グループには他の参加者の問題も存在しています。「あの人の話はいやだなあ」「そんなことは悩むほどのことじゃない」と他の参加者の発言にいらつくことや,「その問題は私にもある」「私の考え方はその人よりもおかしい」と他の参加者の発言をきっかけに自分の問題を突然発見してショックを受けることがあります。そうすると,参加者は落ち着いていることが難しくなります。その結果,グループの雰囲気は硬直化して他の参加者との交流が寸断され,参加者はグループを回避するようになるでしょう。

(3) 集団CBTへの慣れが生じる時期に見られる問題

セッションの回数が重なると,参加者同士の関係が形成されて,開始当初の対人緊張が次第にほぐれます。参加者は,「自分の問題を掘り下げるのはつらいけど,皆と話していたほうが安心する」「よい雰囲気を壊してはいけない」と居心地のよさを優先しやすくなります。日常の話題や誰も

が興味をひかれるような話題で会話が上滑りになったり，グループの目的よりも場の空気に合わせた発言が増えたりするでしょう。グループの目的性が薄れると，「居心地はよいけど，このグループでは何も改善しないだろう」と感じて動機づけが低下する結果になるでしょう。

　また，この時期には自己洞察によるストレスとグループ内の交流が絡み合うことで，個人の対人葛藤が再現されやすくなります。スケープゴートを作り出すことや，主導権を握ろうと問題行動を示す参加者が出てくる可能性があります。

(4)　解決策を実行する時期に見られる問題

　解決策を実行しても期待した効果がすぐに表れるとは限らないため，参加者に焦りや手づまり感が生じます。また，参加者によって問題解決の進捗度に差が生じてくるため，「私だけがまわりの人よりも遅れている」「まわりの人と比べて，なんて私はダメなんだろう」と不公平な比較をして自己評価を下げる参加者が出てきます。そうした否定的な認知が放置されると，その参加者は必要のない問題の粗探しをしたり，問題解決に悲観的になったりします。それに他の参加者が反応すると，参加者の問題に過干渉となったり，「私だけ進んで申し訳ない」と罪悪感を示したりするでしょう。

(5)　集団CBTが終了する時期に見られる問題

　終了という環境変化に対して，参加者は「この先，自分を保っていけるのか」「何か足りないところがあるのではないか」と不安になることや，「このセッションではすべての問題を解決することはできなかった。やっぱり，私の問題は解決されないだろう」と悲観的になることがあります。ストレス耐性の低い参加者であれば，「とても1人ではやっていけないから助けてほしい」とスタッフに依存してくるでしょう。終了のための心理的作業が乱れてしまうと，セッションで練習したスキルの定着が阻害されるでしょう。

2. スタッフ自身の心理状態の問題

　グループの運営にかかわるスタッフは，グループ力動の影響を必ず受けます。同時にスタッフのかかわり方によってグループも変化します。例えば，グループ初期に見られる沈黙によってスタッフ自身に不安が生じ，それを打ち消すためにあまりに能動的に対応すると，参加者はそれを侵入的と感じて沈黙を強める可能性があります。このとき，グループ力動に影響されてスタッフの心理状態に何らかの問題が生じ，グループでの問題行動に発展することを防ぐ必要があります。そのために，グループ力動によって生じやすいスタッフの心理状態とその問題を事前に知っておくことは有用です。セッションの経過ごとにその問題を整理すると，次のような問題があげられるでしょう。

(1) 集団CBT開始時期に見られる問題

　開始当初は，参加者の不安や困惑でグループ内のストレスが高まります。スタッフは，「セッションをうまく進めたい」と望みますが，グループの運営に対する評価的な思考に気づかなければ，スタッフが期待した反応を返さない参加者を「この人は要注意人物だ」「このグループは集団CBTについて来ることは難しいだろう」と決めつけ，特定の参加者を無視したり，批判めいた態度で接したりするでしょう。一方，素直な参加者に対しては，「この参加者は扱いやすい」と操作的になりやすく，その結果，参加者の重要な問題を見逃してしまいます。

(2) 問題に焦点をあてる時期に見られる問題

　この時期のグループでは，停滞感や問題の否認が生じやすくなります。そのときに，「この参加者は問題を認めたがっていない」「この人はいつも逃げているから，いつまで経ってもよくならないんだ」と批判的に考えてしまい，イライラや憤りをもちやすくなります。スタッフ自身がこうした考えに気がつかないと，「厳しく言わないとこの人はだめなんだ」と自らのアグレッシブな感情を正当化して，参加者が重要な問題に直面しているときに強引で批判的な指摘をするなどの問題行動をするでしょう。

また，「私は集団CBTをうまくやれていない」「私にはこのグループを上手に扱っていく力がない」と自らを否定的に評価することもあります。そのような否定的な評価は，スタッフ自身のモチベーションを下げる結果となるでしょう。

(3) グループに慣れる時期に見られる問題

グループに一体感が生じると雰囲気が和らぎ，スタッフはその雰囲気を承認する気持ちになります。このとき，「この居心地のよさに安心するなあ」「この雰囲気を続けなければ」と和やかな雰囲気の維持に重心を置いてしまうと，グループは本来の目標から逸れていきます。

また，参加者間の心理的距離感が近くなることで，参加者個人の対人葛藤が表現されやすくなります。このとき，スタッフが異質性を認める視点を忘れると，対人葛藤などのきわめて個人的な問題を報告する参加者を問題児と決めつけたり，スケープゴートのように扱ったりするでしょう。

(4) 解決策を実行する時期に見られる問題

この時期のグループは問題解決に向けて一歩ずつ進みますが，参加者は簡単に解決できない状態に焦りを感じます。スタッフはその焦りを感じとり，「この問題を何とかしなければ」「とにかくあれもこれも問題なのではないか」と過度な原因追及や粗探しをしやすくなります。スタッフが自らの意見を参加者に押しつけて，グループのストレスを高めることもあります。反対に，「この人をよくしてあげよう」「こうすればよくなるはずだ」と操作的になり，参加者が問題解決を実践する機会を奪ってしまうこともあるでしょう。

(5) 集団CBTが終了する時期に見られる問題

参加者は終了への不安を感じやすくなり，スタッフも「このセッションが終わってしまうと，この参加者はやっていけないかもしれない」「参加者の問題をすべて解決しないままにセッションを終えることは問題だ」と不安になります。また，寂しさや名残惜しさといった情緒的反応への耐性

が低いスタッフは，気になった参加者に特別対応をしたり，スタッフ自身の情緒的反応を回避するために参加者の気持ちを切り捨てたりするでしょう。

第2節　集団CBTを続けていくための工夫

1．グループ力動への工夫

　グループ力動に直接的な介入をしないまでも，集団CBTの構造を守りながら工夫をすることでグループを運営しやすくなったり，さらには集団CBTの効果が増したりするでしょう。前節であげたグループ力動の問題に対する工夫をいくつかあげると，次のようになります。

(1)　集団CBT開始時期の工夫

　この時期では，見知らぬ人たちと顔を合わせる不安や困惑といったストレス状態を緩和する対応が必要になります。具体的には，個人が他の参加者とかかわらなくても，そこに落ち着いていられる配慮が効果的です。そのためには，グループの目的を強調することです。1つの目的があって集合していることを意識できれば，受容的な集団が形成されなくても参加者はグループの中に居場所を見つけることができます。スタッフがセッションのたびにその目的を明確にするとよいでしょう。

　次にスタッフが共感的，支持的，協同的な姿勢を示し，積極的にグループにかかわることです。長い沈黙があったとしても無理に口を開かせず，発言することへの躊躇や控え目な行動を当然と認めること，上手にできないことを普通と認めることによって，参加者は安心してグループに参加することができます。そのようなスタッフの姿勢は，参加者が問題にかかわるときのよいモデルとなるほか，治療的な要素をもったグループの形成にも役立ちます。

(2) 問題に焦点をあてる時期の工夫

評価的な視点をもちながら問題に焦点をあてる作業は苦痛を伴います。特に良いか悪いかといった大ざっぱで抽象的な評価をすることは，何ら問題の具体化や解決策をもたらしません。そのため，参加者には評価的な視点ではなく，客観的に問題を記述する視点をもつように伝えることが大切です。そうすると，参加者はグループで不公平な比較をしにくくなるほか，人の意見に耳を貸しやすくなるでしょう。また，グループで異質と感じられる問題が報告されても，評価的な視点が除かれていると異質性を受けとめようとするグループ力動が生じます。異質性を包含される体験は，その参加者にとって治療的に働くでしょう。

(3) グループに慣れる時期の工夫

グループへの慣れが優先されると，グループは本来の目的から逸脱していきます。そのときは，グループの目的を繰り返し確認することで，雰囲気や居心地のよさといった目先のメリットではなく，問題解決というより大きなメリットに参加者を向かわせることができます。また，雰囲気が和やかなときにこそ重要なテーマに会話を導くことで，グループの関係のよさを助けとしながら問題解決に取り組む状況ができます。個人の対人葛藤やアクティングアウトが生じたときでも，常にスタッフがグループの目的を強調し会話のテーマを重要な問題に振り向けることで，グループは問題解決に向かうことができるでしょう。

(4) 解決策を実行する時期の工夫

その時点での進捗度をはじめから振り返って確認することや，問題点ではなく改善点を見つける作業をすることで，この時期に生じやすい問題解決に伴うストレスに参加者は耐えることができます。また，グループが何に取り組んでいるのか，どのような局面を迎えているのかをグループにコメントすることは効果的です。それによって，グループ全体でストレスを受けとめることができるのみならず，参加者が互いに治療協力者となって支え合う状況を作り出すことができます。進捗度の差によって生じる不公

平な比較は自ずと軽減されるでしょう。

⑸ グループ終了時の工夫

参加者はグループでの体験を失敗あるいは成功と評価しがちです。しかし，評価をしている限り，悪い評価を気にして不安になります。そうしたときは，スタッフがセッションを通して身につけたスキルをどのように利用するのかを質問し，今後も問題に対して主体的にかかわっていく姿勢が必要であることを明確に示すとよいでしょう。

また，終了に対する参加者の不安や寂しさなどの感情を承認し，参加者がありのままに感情を体験するようにコメントを加えることも必要です。参加者にとっては，自らの感情体験を回避せずに心理的困難を乗り越える貴重な機会となります。ストレス耐性が低いために抱え込みを要求するような参加者に対しても，その参加者の気持ちを酌みながら，セッションの終了をありのままに体験できるように導きましょう。終了の際に特別対応をすることは，回避行動を助長させ，心理的困難を乗り越えるという学習の機会を奪う一面があることに注意する必要があります。

2. スタッフの心理状態への工夫

スタッフは常にグループ力動にさらされます。スタッフ自身にケアをしていないと，ストレスを溜めて問題行動に発展する危険性があります。さらには，バーンアウトしてしまい，スタッフ自身が大きくダメージを負うことになりかねません。そういった望ましくない結果を予防するために，次のようなポイントを理解しておくことが役立つでしょう。

⑴ 集団CBTの構造がもつ効果を知る

集団CBTは高度に構造化された集団心理療法ですから，基本に忠実に進めていくことが大切です。しかし，「とにかく構造は守らなきゃいけない」といった考えで行うと，その効果を減じるばかりか，グループのストレスを高めてしまうことになるでしょう。そのようなときは，集団CBTの構造にどのような効果があるのかを知っておくことで，グループの運営

を効率化させ，スタッフ自身の労力をより治療的に使用することができます。

　例えば，個人の問題に焦点をあてる効果の1つに，グループにおいて他の参加者からの否定的な影響を軽減することがあります。参加者の表出を重視するような伝統的な心理療法では，1つの否定的な表出がさらなる否定的な表出を促し，参加者が互いに悪影響を与える危険性があります。しかし，集団CBTでは，1つの否定的な表出に焦点をあてたあとに，そこに至るまでの個人特有の情報処理プロセスを検討する作業が構造化されています。そのため，集団CBTのグループは表出ではなく問題の焦点化と解決に向かっていきます。すなわち，集団CBTには，否定的な表出を他の参加者が疑うことなく受け入れて，さらなる否定的な認知が表出されるといった悪循環を自ずと防ぐ機能があります。

　また，グループ形式の検討には，他者認知や自己認知，世間一般に適用するルールについての認知的歪みを修正する機能があります。他の参加者に「あなたなら，どのように考えることがAさんの役に立つと思いますか」といった質問をすることで，その人を治療協力者として活用することもできます。治療協力者となった参加者も，その対処方法を自分の問題に応用させることができるでしょう。

　これらの例は集団CBTの構造がもつ効果のごく一部にすぎません。その時々の状況に応じてその効果はさまざまな形で表れるものですから，スタッフは集団CBTを進める際に構造がどのような効果を発揮しているのかを観察し，積極的に学習する姿勢をもつとよいでしょう。

(2) 評価的にならない

　どんな人でも自分に対する評価を気にするものです。経験の浅いスタッフであれば，自分が集団CBTをきちんと実践できているのかが気になります。自己に対する評価的な姿勢は，正しいセラピストになるために一見必要と感じるかもしれませんが，それは果たしてどうでしょうか。「私はうまくできていない」「私のしていることは間違いだった」「自分はダメだ」と否定的に評価をしても，この評価的思考は問題の具体化や解決策を

ほとんど導き出しません。「私はうまくできている」「私は正しいことをしている」「自分には力がある」と肯定的に評価をしても，良い評価を維持するためにかなりの努力を必要としたり，悪い評価を避けようとしてかえって悪いところが気になったりします。集団CBTは，スタッフ自身や参加者を評価するためにあるのではなく，参加者の心理的問題を解決するためにあります。グループの目的を意識し，スタッフ自身に不足があれば問題を具体化して解決する心構えをもつと，自ずと不必要な葛藤は軽減するでしょう。

(3) スタッフ自身がCBTを実践する

経験を積んだスタッフといえども，時には「うまくいかないかもしれない」「自分には能力がないかも」「この参加者は問題児だ」などの否定的な認知によって，不安や落ち込み，怒りなどの感情的問題が生じることがあります。スタッフの感情的問題は，参加者の改善を阻害する要因となる可能性があります。また，スタッフも1人の人間です。参加者同様にスタッフ自身にも何らかの心理的問題があることに気づいていないと，自分自身の問題と類似した問題が参加者から報告されたときに，無視や回避をしやすくなります。

このため，スタッフはCBTを自ら実践し，自らの心理的問題を明らかにして解決策を講じておくことが望ましいです。たとえ1人では簡単に解決できない問題であっても，スタッフ自身がその問題の存在に気づいて自己客観視を心がけることで問題行動を予防することができる他，参加者の問題を理解するための材料に役立てることができます。

具体的には，セッション中の自己観察の記録をとることや，日頃からセッション後に自分を振り返る時間を設定しておくこと，適切なスーパーヴィジョンを受けることが役に立つでしょう。

(4) スタッフのストレス耐性を高める

グループ力動の問題に性急に対処しようとすると，極端な介入となって問題を拡大させることがあります。集団CBTは高度に構造化された心理

療法であるため，必要な手続きを守っていくとグループの問題が自然と解消されることがあります。また，参加者の変化はゆるやかに訪れるものです。そうした状況でスタッフに求められることは，何より落ち着いている姿勢です。グループ力動に影響されて生じる内面の不快感を積極的に味わい，その感覚に慣れるように心がけると，次第に極端な不快感が軽減してグループ力動に対して冷静さを保つことができるようになるでしょう。

　最後に，グループを続ける上で欠かせないのは，多くの人々の心理的健康の回復や人生を改善するために惜しみない努力をするスタッフの意欲です。それこそがグループを長く続けるための原動力になります。その意欲を失わないために，スタッフはセッションのたびに初心に帰ることを心がけ，グループを通して得られるすばらしい体験に常に心を開いておくことが肝要でしょう。

紹介
編　者
執筆者

執筆者

市口　亜希　相模ヶ丘病院，臨床心理士
　　　　　　（第3章第2節3／第4章第3節4分担執筆／第5章第1節Q4, Q6, Q12）
市倉加奈子　早稲田大学大学院人間科学研究科（第2章第2節3）
今村幸太郎　東京大学大学院医学系研究科，メディカル虎ノ門，臨床心理士
　　　　　　（第4章第3節1分担執筆／第5章第1節Q2分担執筆）
馬ノ段梨乃　東京大学大学院医学系研究科（日本学術振興会特別研究員DC），臨床心理士（第2章第2節4）
岡田　佳詠　筑波大学大学院人間総合科学研究科 准教授，看護師・保健師
　　　　　　（第1章／第4章第3節5分担執筆／第5章第1節Q10, Q20, Q21／第5章第2節5）
奥村　泰之　編者紹介参照（第2章第1節，第3節）
菊池安希子　独立行政法人国立精神・神経医療研究センター 精神保健研究所 司法精神医学研究部室長，臨床心理士
　　　　　　（第4章第3節3分担執筆／第5章第1節Q3）
小林　未果　東京医科歯科大学大学院 心療・緩和医療学，臨床心理士（第2章第2節1）
清水　馨　早稲田大学大学院人間科学研究科
　　　　　　（第4章第3節5分担執筆／第5章第1節Q22）
白川　麻子　臨床心理士（第3章第2節分担執筆／第4章第3節2分担執筆）
杉山　明子　長谷川心理相談室・長谷川病院，東京大学駒場学生相談所，臨床心理士
　　　　　　（第4章第3節4分担執筆）

高梨利恵子　爽風会佐々木病院，臨床心理士
　　　　　　（第3章第2節分担執筆/第4章第3節1分担執筆/第5章第1節Q1, Q5)
田中さやか　独立行政法人国立精神・神経医療研究センター病院，臨床心理士
　　　　　　（第5章第1節Q7)
中島　美鈴　編者紹介参照
　　　　　　（第3章第1節/第3章第2節分担執筆/第4章第2節/第4章第3節4分
　　　　　　担執筆/第5章第1節Q8, Q13, Q14, Q16, Q19/第5章第2節1, 2,
　　　　　　4/第5章第3節）
鳴海　孝幸　メディカルケア虎ノ門，臨床心理士
　　　　　　（第4章第3節1分担執筆/第5章第1節Q2分担執筆）
葉柴　陽子　東京大学駒場学生相談所，臨床心理士
　　　　　　（第4章第3節3分担執筆/第5章第2節3)
濱田　馨史　相模ヶ丘病院，臨床心理士
　　　　　　（第3章第2節分担執筆/第4章第3節3分担執筆/第5章第1節Q9, Q15)
藤目　文子　府中みくまり病院，臨床心理士（第4章第3節2分担執筆）
松岡　志帆　早稲田大学大学院人間科学研究科，看護師・保健師（第2章第2節2)
森　　一也　横浜舞岡病院，共済立川病院，臨床心理士（第5章第1節Q17, Q18)
山本　貢司　あさもとクリニック，医療法人社団ラルゴ 横浜ストレスケアクリニック，
　　　　　　臨床心理士
　　　　　　（第4章第1節/第4章第3節5分担執筆/第5章第1節Q11/第6章）

（五十音順）

編　者

中島　美鈴（なかしま　みすず）
1978年，福岡県生まれ。臨床心理士。
2003年，広島大学大学院教育学研究科心理学専攻修了後，福岡県立精神医療センター，佐賀県独立行政法人国立病院機構肥前精神医療センターなど，主に精神科領域で集団認知行動療法を実践。
2009年，東京大学駒場学生相談所助教を経て，2010年より福岡大学人文学部研究員。

主な著書に，『自信がもてないあなたのための8つの認知行動療法レッスン』（星和書店，2010），『私らしさよ，こんにちは－新しい5日間の集団認知行動療法ワークブック』（星和書店，2009），『もういちど自分らしさに出会うための10日間－自尊感情をとりもどすためのプログラム』（共訳，星和書店，2009）などがある。

奥村　泰之（おくむら　やすゆき）
1979年，大阪府生まれ。
2003年，早稲田大学第二文学部社会人間系専修卒業後，国立保健医療科学院，日本医科大学，国立精神・神経医療研究センターなど，主に医学領域で研究に従事。
2009年，日本大学大学院文学研究科心理学専攻博士（心理学）取得。
現在，国立精神・神経医療研究センター　精神保健研究所　社会精神保健研究部　外来研究員。

主要業績に，"Cost of depression among adults in Japan（The Primary Care Companion for CNS Disorders, in press）", "Latent structure of depression in a Japanese population sample：taxometric procedures（Australian and New Zealand Journal of Psychiatry, 43(7)：666-673, 2009）"などがある。

集団認知行動療法実践マニュアル
2011年3月14日　初版第1刷発行

　　編　　中島美鈴，奥村泰之
　　著　　関東集団認知行動療法研究会
　発行者　石澤雄司
　発行所　株式会社 星 和 書 店
　　　　　〒168-0074　東京都杉並区上高井戸1-2-5
　　　　　電話　03（3329）0031（営業部）／03（3329）0033（編集部）
　　　　　FAX　03（5374）7186（営業部）／03（5374）7185（編集部）
　　　　　http://www.seiwa-pb.co.jp

©2011　星和書店　　Printed in Japan　　ISBN978-4-7911-0764-3

- 本書に掲載する著作物の複製権・翻訳権・上映権・譲渡権・公衆送信権（送信可能化権を含む）は㈱星和書店が保有します。
- JCOPY 〈（社）出版者著作権管理機構 委託出版物〉
  本書の無断複写は著作権法上での例外を除き禁じられています。複写される場合は，そのつど事前に（社）出版者著作権管理機構（電話 03-3513-6969，FAX 03-3513-6979, e-mail：info@jcopy.or.jp）の許諾を得てください。

自信がもてない
あなたのための8つの
認知行動療法レッスン

中島美鈴 著

四六判
352p
1,800円

自尊心を高めるために。
ひとりでできるワークブック

認知行動療法とリラクセーションを組み合わせたプログラムを用いて解決のヒントを学び、実践することで効果を得る記入式ワークブック。

私らしさよ、こんにちは

5日間の新しい集団認知行動療法
ワークブック

中島美鈴 著

B5判
68p
800円

自分を大切にし、自尊心を高め、マイナス思考を克服するための集団認知行動療法プログラム「DVD版私らしさよ、こんにちは」のテキスト。

〈DVD版〉
私らしさよ、こんにちは

5日間の新しい集団認知行動療法
ワークブック

中島美鈴

DVD1枚
1時間54分
［テキスト付］
B5判 68p
5,800円

認知行動療法のさまざまなスキルが5日間で習得できる。
デイケア、EAP、学校などで幅広く使える集団認知行動療法プログラム。

発行：星和書店　http://www.seiwa-pb.co.jp　価格は本体（税別）です

命令幻聴の認知行動療法

サラ・バーン、
マックス・バーチウッド、
ピーター・トローワー、
アラン・ミーデン 著
菊池安希子 訳・監訳

A5判
232p
2,800円

統合失調症の命令幻聴に対する認知療法マニュアル。
多くの事例から、実践的な介入方法とその有効性が窺える。

統合失調症のための集団認知行動療法

エマ・ウイリアムズ 著
菊池安希子 訳・監訳

A5判
240p
3,500円

統合失調症の集団認知行動療法プログラムのマニュアルである。
理論、アセスメント、実践モジュールの3部構成になっている。

統合失調症の早期発見と認知療法
発症リスクの高い状態への治療的アプローチ

P.French、
A.P.Morrison 著
松本和紀、
宮腰哲生 訳

A5判
196p
2,600円

早期介入における認知療法の適用について、理論的根拠と豊富な事例をもとに、臨床家にわかりやすく解説した初めての実践的ガイドライン。

発行：星和書店　http://www.seiwa-pb.co.jp　価格は本体（税別）です

認知療法入門

A.フリーマン 著
遊佐安一郎 監訳

A5判
296p
3,000円

認知療法の中心人物フリーマン氏が日本の治療者向けに書きおろした臨床的入門書。

もういちど自分らしさに出会うための10日間
自尊感情をとりもどすためのプログラム

D.D.バーンズ 著
野村総一郎、
中島美鈴 監修・監訳
林 建郎 訳

A5判
464p
2,500円

10日間で、心の様々な問題を解決できるようにデザインされたバーンズ博士によるわかりやすい認知行動療法の実践書。

もういちど自分らしさに出会うための10日間 リーダーズマニュアル
自尊感情をとりもどすためのプログラム

D.D.バーンズ 著
野村総一郎、
中島美鈴 監修・監訳
林 建郎 訳

A5判
368p
3,500円

セラピストのためマニュアル。集団への臨床経験がなくても、本書に則って治療を進めることで治療を成功に導くことができる。

発行：星和書店　http://www.seiwa-pb.co.jp　価格は本体（税別）です

［増補改訂 第2版］
いやな気分よ、さようなら
自分で学ぶ「抑うつ」克服法

D.D.バーンズ 著
野村総一郎 他訳

B6判
824p
3,680円

本書は、英語版で300万部以上売れた「うつ病」のバイブル。抑うつを改善し、気分をコントロールするための認知療法を紹介。

フィーリングGood ハンドブック
気分を変えて すばらしい人生を手に入れる方法

D.D.バーンズ 著
野村総一郎 監訳
関沢洋一 訳

A5判
756p
3,600円

うつ病や憂うつに対する認知療法の書として大ベストセラーとなった『いやな気分よ、さようなら』の続編。

心のつぶやきが あなたを変える
認知療法自習マニュアル

井上和臣 著

四六判
248p
1,900円

心の問題を引き起こす不適切なものの見方・考え方(認知)を修正する具体的方法をわかりやすく紹介。

発行：星和書店　http://www.seiwa-pb.co.jp　価格は本体(税別)です

認知療法実践ガイド・
基礎から応用まで

ジュディス・ベックの
認知療法テキスト

ジュディス・S・ベック 著
伊藤絵美、神村栄一、
藤澤大介 訳

A5判
464p
3,900円

認知療法の実践的知識と方法を学びたい人のための実践ガイド。

認知療法実践ガイド：
困難事例編

続ジュディス・ベックの
認知療法テキスト

ジュディス・S・ベック 著
伊藤絵美、
佐藤美奈子 訳

A5判
552p
4,500円

認知療法を志向するメンタルヘルスの専門家への画期的実践書。

認知療法全技法ガイド

対話とツールによる
臨床実践のために

ロバート・L・リーヒイ 著
伊藤絵美、
佐藤美奈子 訳

A5判
616p
4,400円

治療効果が高い認知療法の数多くの技法を一挙紹介。

発行：星和書店　http://www.seiwa-pb.co.jp　価格は本体（税別）です